キャリア教育に活きる！

仕事ファイル

センパイに聞く

⑫ メディカルの仕事

歯科医
フライトドクター
心臓血管外科医
オペナース
医薬品研究者
再生医療研究者

⑫ メディカルの仕事

Contents

File No.61
歯科医 ……………………… 04
田谷祐衣子さん／渋谷宮益坂歯科

File No.62
フライトドクター ……………… 10
小田有哉さん／日本医科大学千葉北総病院

File No.63
心臓血管外科医 ……………… 16
安水大介さん／大阪市立大学医学部附属病院

File No.64
オペナース ……………… 22
齋藤祥子さん／昭和大学横浜市北部病院

キャリア教育に活きる！仕事ファイル

File No.65
医薬品研究者 …………… 28
橋爪里奈さん／武田コンシューマーヘルスケア

File No.66
再生医療研究者 …………… 34
武部貴則さん／横浜市立大学先端医科学研究センター
シンシナティ大学小児病院
東京医科歯科大学統合研究機構

仕事のつながりがわかる
メディカルの仕事 関連マップ …………… 40

これからのキャリア教育に必要な視点 12
医学とは生命について考えること …………… 42

さくいん …………… 44

※この本に掲載している情報は、2018年4月現在のものです。

File No.61

歯科医
Dentist

渋谷宮益坂歯科
田谷祐衣子さん
医師4年目 31歳

歯のトラブルで悩む患者さまに笑顔になってもらいたい

歯科医は、虫歯をはじめ、口の中で起こるさまざまな病気を治療する仕事です。だれもが安心して治療を受けられるよう、どんな工夫をしているのでしょうか。東京都にある渋谷宮益坂歯科で働く歯科医、田谷祐衣子さんにお話をうかがいました。

Q 歯科医とはどんな仕事ですか？

　虫歯を治療するのがおもな仕事です。虫歯だけではなく、歯ぐきなど歯のまわりの病気の治療や、親知らずの抜歯、歯石の除去なども歯科医の仕事です。それから、虫歯にならないように正しい歯みがきの方法を教えたり、検診をしたりする予防歯科や、歯並びをきれいにしたり、歯の色を白くしたりして、歯を美しく見せる審美歯科も行っています。

　虫歯の治療ではまず、虫歯の大きさや進行具合を確認します。次に虫歯になった部分をけずって取りのぞき、最後に、けずったところを消毒して、つめ物をします。これが、治療の流れです。

　歯科治療に対して「痛い」「こわい」などのイメージをもつ人もいると思います。わたしの職場では、患者さまの気持ちがやわらぐよう、清潔感のあるインテリアでまとめ、コミュニケーションも積極的に取るように心がけています。

Q どんなところがやりがいなのですか？

　患者さまのすてきな笑顔を見られることですね。

　歯が痛かったり、口の中にトラブルがあったりすると、日常生活を送るのさえつらいものです。当院に初めて来られる患者さまも、みんなゆううつな顔をしています。

　そんな患者さまの痛みの原因や治療への不安をひとつひとつ取りのぞき、少しでも早く健康な歯を取りもどせるよう、日々の治療にあたっています。

　治療が終わると、多くの患者さまが、笑顔になります。そのたびに、「わたしの仕事は、たくさんの人を笑顔にできる仕事なんだ」と、大きなやりがいを感じています。

Q 仕事をする上で、大事にしていることは何ですか？

　患者さまの気持ちを第一に考えることです。

　じつはわたし自身も、以前は虫歯がたくさんあって、長い間歯医者さんに通っていました。だから、虫歯の痛みも、治療のこわさや歯医者に行きたくない気持ちもよくわかります。せっかく勇気を出して歯医者に来たのに、治療で何をされているのかわからないのでは、不安になるのも当然です。だからこそ、患者さまの立場になって、虫歯の状態やこれからの治療の選択肢など、それぞれの内容をていねいに説明し、患者さまと相談した上で治療を行っています。

　また、しばらく来院されていない患者さまには、「歯の痛みはありませんか？」というはがきを出すこともあります。

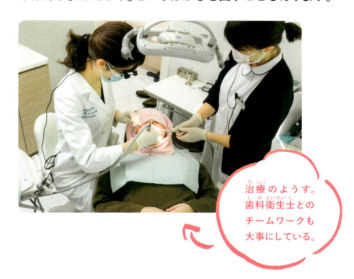

治療のようす。歯科衛生士とのチームワークも大事にしている。

レントゲン写真をモニターに映しながら、患者に虫歯の状態を説明し、治療方針を相談していく。

田谷さんのある1日

- 08:30　出勤。その日予約が入っている患者のカルテを確認
- 10:00　診療開始
- 13:30　午前の診療が終了。同僚とランチ
- 15:00　午後の診療開始
- 19:00　診療終了。勉強会がある日には早めに診療を終える
- 19:30　勉強会
- 22:00　退勤

午前の診療を終えてほっと一息。「職場の雰囲気がよいのも、幸せなことだと思っています」

Q なぜこの仕事をめざしたのですか？

　小さいころから手先が器用で、細かい作業が得意でした。また、「人の役に立って、みんなを笑顔にできる仕事がしたい」とも思っていました。それで、器用さを活かすことができて、人の役にも立てる医師か歯科医になりたいと思いました。

　歯科医をめざそうと決心したのは、高校生のときでした。たまたま読んでいた本の中に「お腹が痛くても少しがまんすれば治るから医者にかからない人は多い。しかし、歯が痛いとどうにもできないので、だれもが歯医者にかかる」という文章があり、心を動かされたのです。頼ってもらえるような歯科医になりたいと思い、大学の歯学部に進学しました。

　人を笑顔にしたいと思うようになったのは、母の影響が大きいと思います。母は、わたしが小さいころから、自宅で小さな塾を開き、近所の小学生から高校生までの子どもたちに英語と数学を教えていました。母の教え子が成績が上がって喜んでいる姿や、ご両親といっしょに教室に来て、「おかげで合格できました！」などと笑顔でお礼を言っているようすをよく目にしていて、すてきだなぁと思っていたのです。

Q 今までにどんな仕事をしましたか？

　大学卒業後は、研修医として、まちの小さな診療所で半年間、その後、大学病院の小児歯科で半年間働きました。

　小児歯科では、子どもたちと仲良くなり、仕事も楽しかったので、そのまま大学病院に就職することも少し考えました。現在の職場を選んだきっかけは、教育制度がしっかりしていることと、「患者さまの立場になって治療をする」という理念に共感したからです。

　でも、じつは歯科医として治療を始めてから間もないころに、「歯医者になんて、なるんじゃなかった！」と悩んだ時期がありました。患者さまが、治療中に痛がったり顔をしかめたりするのを見ているうちに、「わたしだって、患者さまを痛い目にあわせたいわけじゃないのに……」と、なんだか悪いことをしているような、つらい気持ちになってしまったのです。先輩の歯科医に相談すると、患者さまとていねいに向きあうことの大切さを教えてもらいました。

　それ以来、少しずつですが、「この人は痛みに弱いから、こんなふうに治療しよう」「この人は、少し長めの治療でも大丈夫だから、今日はここまで進めよう」など、ひとりひとりの患者さまに合わせた治療ができるようになってきました。

「当院では、顕微鏡を使っての治療も行っています。これまでよりも高い精度で虫歯の治療ができます」と田谷さん。

・超音波スケーラー・

・5倍速コントラ・

・ピンセットやミラー・

・サージカルルーペ・

PICKUP ITEM

歯の治療には、さまざまな器械を使う。超音波スケーラーと5倍速コントラは、歯石を取りのぞくときに使う。ピンセットは、歯からつめ物を取りのぞくときに使う。ミラーは、奥歯や歯の裏側のようすを見るときに欠かせない。サージカルルーペは、虫歯を2〜5倍に拡大して見ることができる。

先輩の歯科医に意見を求める田谷さん。「治療方針に迷ったときなど、アドバイスをくれる先輩の存在がありがたいです」

Q 仕事をする上で、むずかしいと感じる部分はどこですか？

患者さまの希望どおりの治療ができないときや、治療が予想どおりにいかないときに、むずかしさを感じます。

「短期間で治療を終わらせたい」「歯を抜くのはなるべくさけたい」といった要望が患者さまからよく出るのですが、虫歯の進行状況によっては、そのとおりにできないこともあります。例えば歯の根本まで細菌に感染している場合、針のような器具を使って歯の中にある神経を取りのぞき、きれいに消毒しなければなりません。こうなると、神経の取り残しがなくなるまで、何度も来院してもらう必要があります。

また、レントゲンでは小さな虫歯だったのに、実際に歯をけずってみると、予想よりも虫歯の範囲が広がっていることがまれにあり、治療の回数が増えてしまうことがあります。

患者さまの希望をどうしてもかなえられないときは、こちらもつらい気持ちになりますが、状況をきちんと伝えて、理解してもらうように努めています。

Q ふだんの生活で気をつけていることはありますか？

歯科医なのに虫歯があっては説得力がないので、歯みがきは5分くらい時間をかけてしっかり行なっていますし、ミラーを使って、よく自分の口の中を確認しています。それから、診療時間が長いぶん、休みが週に3日あるので、しっかり気分転換をして、次の診療に備えるようにしています。

休みの日に、歯科医のためのセミナーや研修会に出かけることもあります。歯科医療の技術や器械はつねに進化しているので、勉強も欠かせないのです。

そのほかに、わたしのクリニックでは、月に1回、勉強会があります。外部の先生を招いて最新治療のお話を聞いたり、歯科医どうしで実際に担当した症例を発表し、意見を出しあったりしています。平日の夜、1日の診療が終わったあとに行われるのですが、自分の興味のある内容なので、まったく苦ではなく、楽しみなくらいです。じつはわたしは、学生時代は勉強がきらいでした。今は、勉強がとても楽しく感じられるようになり、自分でもおどろいています。

Q これからどんな仕事をしていきたいですか？

「いろいろな歯医者に行ったけれど、治療に満足できなかった」「信頼して通える歯医者が見つからない」という患者さまに、「ここに来てよかった！」と納得して通ってもらえるような歯科医になりたいと思っています。

日々の勉強をおこたらず、患者さまとの信頼関係を築きながら、ひとりの人間としても成長していきたいです。

歯科医になるには……

歯科医になるには、大学で歯科医の養成課程（6年制）を修了し、歯科医師国家試験に合格する必要があります。国家試験合格後は、指定を受けた病院や診療所などで研修医となり、1年以上の研修を受けることが義務づけられています。研修期間が終われば自分の歯科医院を開業することも可能ですが、多くの場合、歯科医院に就職し、技術や医院経営を学んでから独立します。

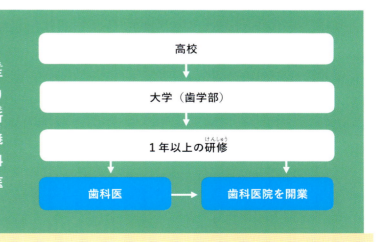

高校 → 大学（歯学部） → 1年以上の研修 → 歯科医 → 歯科医院を開業

※ この本では、大学に短期大学もふくめています。

Q 歯科医になるにはどんな力が必要ですか？

継続力と忍耐力が大切だと思います。歯科医になるには、大学に6年間通い、そのあと研修で1年間学ばなくてはいけません。さらに歯科医になってからも、患者さまに安心して治療を受けてもらえるように、技術や知識をみがきつづけなくてはなりません。一人前といわれるまで10年はかかる仕事なので、わたしもまだまだ修業中の身です。

でも、そのぶん、患者さまに「痛みがなくなった。ありがとう」などと言われたときの達成感は格別です。わたし自身、つらい時期があっても逃げださず、自分を信じて向きあってきた経験が、仕事の支えになっています。

予約が変更になってできた空き時間にも、最新の歯科医療の論文を読んで勉強。

田谷さんの夢ルート

小学校・中学校 ▶ 医師
手先が器用だったので、細かい作業が求められそうな医師の仕事がしたいと思っていた。

高校 ▶ 歯科医
歯の痛みやトラブルに悩んでいる人たちを笑顔にしたいと考え、歯科医を養成する大学を受験する。

大学 ▶ 歯科医
「患者さまの不安を取りのぞき、満足していただけるクリニックに」という理事長の方針に共鳴し、現在の職場に就職を決める。

「12年間、毎朝の通学電車でいっしょに過ごした父とは、今でもいっしょに旅行に行くぐらい仲良しなんです」

Q 中学生のとき、どんな子どもでしたか？

小学校から高校まで、私立の一貫校に通っていました。通学に電車で1時間半もかかったのですが、父の会社が母校の近くだったので、12年間、ずっと父と通学していました。電車でとなりの席に座って、それぞれ本を読んだり、ときには学校のことを話したりしていたので、長い通学時間でも、つらく感じたことはありませんでした。父とは今も仲良しで、ふたりで海外旅行に行くこともあるんですよ。

得意教科は数学、理科、英語。社会など暗記が多いものは苦手でした。体育祭や球技大会になると、けっこう張りきるタイプで、クラスのみんなを仕切っておそろいのハチマキをつくったりしていましたね。

英語が好きだったこともあり、部活はESS（英会話）に入っていました。学園祭で英語を使ったお化け屋敷をつくったり、外国のお菓子を販売したりして、みんなで盛りあがりました。

今の職場には、わたしたち歯科医のほか、歯科衛生士や歯科助手、受付などのスタッフがいます。仲間と協力して、何かを成しとげていくことが好きな性格は、今の仕事にもつながっているなぁと感じます。

球技大会など、みんなで力を合わせることが好きだった。左が田谷さん。

Q 中学のときの職場体験は、どのようなものでしたか？

わたしの学校には「職場体験」はなく、キャリア教育としては、さまざまな職業の方を学校に招いての講演会がありました。アナウンサーの安東弘樹さんや宇宙飛行士の向井千秋さんなど、テレビで見たことのある有名な方による講演は、まるで別世界の話のようでした。それまで働くおとなといえば、両親と先生しか知らなかったので、世の中にはさまざまな仕事があるということにおどろかされました。

でも、講演会に来た方たちと、自宅で塾をしている母に、共通点があることに気づきました。自分の道を信じて努力し、勉強することを、ずっと続けているということです。だからこそ、どの方もキラキラと輝いているのだなと思いました。

学校での講演会は、わたしも、仕事に誇りをもてるようなおとなになりたいと考える、よいきっかけになりましたね。

Q この仕事をめざすなら、今、何をすればいいですか？

わたしは今、多い週だと1週間で80人くらいの患者さまの診療をしています。それだけ多くの人と接し、ひとりひとりと信頼関係を築いていくには、コミュニケーション力と、はば広い知識、そして、相手に関心をもって理解しようという思いが必要です。

診療中に会話を弾ませるには、ジャンルを問わず、いろいろな知識をもっていることも大切です。おたがいに共通点があれば、心の壁が一気になくなることもあります。

中学時代には、これは好き、これはきらいと決めつけてしまわず、いろんなことに関心をもって、取りくんでみてください。いつかきっと役に立ちますよ。

自宅で子どもたちを教えていたお母さん（左）と中学時代の田谷さん。「努力して人を喜ばせる母の姿から、多くのことを学びました」

患者さまに安心して治療を受けてもらえるように、技術と知識をみがきつづけます

－ 今できること －

ふだんの暮らし

歯科医には、手先の器用さや細かい作業を正確にこなす集中力が必要です。急に手先が器用になるということはありません。ノートの字を少し小さく、ていねいに書くといったようなことから始めましょう。

また、毎日たくさんの患者と接するための、コミュニケーション力も欠かせません。人の名前や顔を覚えるのが苦手な人は、相手に興味をもつことから始めましょう。その日に会った人との会話の内容やその人の特徴をノートにメモしておくのもよいでしょう。

 国語 患者にわかりやすく虫歯の状態を説明するために、語彙力や表現力を身につけましょう。また、患者に失礼がないよう、敬語の確認をしておきましょう。

 理科 人体の構造や歯のつくり、口やあごなどのはたらき、つめ物に使う金属の性質など、理科の授業には、歯科医になるために学ぶ内容の基礎となるものが多いです。

 体育 歯は全身の健康と深く関わっています。保健体育の授業では人間のからだや健康について学べます。

 英語 歯科医療に関する論文には、英語で書かれたものが多いです。また、海外の学会に参加する可能性もあります。英語はしっかりと勉強しておきましょう。

File No.62

フライトドクター

Flight Doctor

日本医科大学千葉北総病院
小田有哉さん
医師7年目 31歳

1秒でも早く患者のもとにかけつけ命を救いたい

けがをしたり、急病でたおれたりした人のもとにかけつけるヘリコプター、「ドクターヘリ」。そこにのりこみ、働くフライトドクターの仕事について、日本医科大学千葉北総病院の救命救急センターの救命救急医、小田有哉さんにお話をうかがいました。

1. 出動要請があれば、ダッシュで、ドクターヘリに向かう。

3. 現場で応急処置をした患者を、病院に運ぶ。

2. 患者の命に危険がせまっているときや、病院への搬送に時間がかかると予想されるとき、現場に出動する。

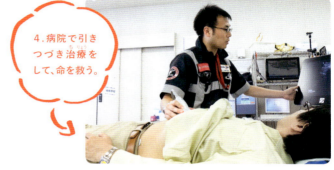

4. 病院で引きつづき治療をして、命を救う。

Q フライトドクターとはどんな仕事ですか？

　フライトドクターは、消防からの出動要請を受けてドクターヘリ（救急用ヘリコプター）にのりこみ、患者のもとにかけつける救命救急医です。救命救急医とは、心臓が止まったり、意識を失ったりして、突然命の危険にさらされた人を専門に治療する医師です。

　フライトドクターの役割は大きく分けてふたつあります。ひとつは、患者のもとにかけつけ、現場ですぐに治療を始めることです。救命救急は時間との戦いです。心臓が止まったら3分、呼吸が止まったら10分、大量出血したら30分以内に適切な処置をしないと、命が助かる可能性は一気に下がります。

　もうひとつの役割は、患者の重症度を判断して、適切な病院へ運ぶことです。ドクターヘリに患者をのせて当院に運んだり、救急車でほかの病院に運んだりします。

　フライトドクターとして出動する日は決まっています。自分の担当以外の日は、院内で運ばれてきた患者の治療にあたったり、入院している患者を診察したり、カルテの記入をしたりしています。

用語 ※ カンファレンス ⇒ 患者のようすや治療方針などについて、医師、看護師などで話しあう会議のこと。

Q どんなところがやりがいなのですか？

　目の前にある命を救えたときです。救命救急センターにやってくる患者の多くは、命を失う危険がある人たちですが、心臓が動いている間に処置ができれば、かなり高い確率で救うことができます。重傷で運ばれてきた人が、笑顔で退院するのを見るとうれしいですね。

小田さんの1日

08:15　ヘリコプターの運行会社との
　▼　　打ち合わせ。ヘリコプターへの機材
　　　　のつめこみ、無線のチェック

08:45　カンファレンス※
　▼
09:30　出動要請があるまで病棟を回診。
　　　　出動要請があればそのつど、出動。
　▼　　食事やトイレは時間が空いたときに

17:30　出動終わり。情報をメンバーで
　▼　　共有する

18:00　当直医に引き継ぎをする

フライト前には、必ず持っていく道具をチェック（写真上）。そして無線や、ヘリコプター内の機械をチェックする（写真下）。

Q なぜこの仕事をめざしたのですか？

高校時代に「国境なき医師団」という、医療・人道援助を行っている非営利の国際団体のことをテレビで知り、医師という仕事に初めて興味をもちました。紛争地域や途上国など、人命に関わる問題が起こっている現場に、医師たちが飛びこんで医療活動を行うようすを見て、自分にもできることがあるかもしれない、と心がふるえました。

それで、ドクターヘリにのって患者のもとにかけつけ、ひとりでも多くの命を救いたいと思い、フライトドクターをめざしたんです。また、当院はさまざまな患者がたくさん集まってくるので、技術や経験を積むことができると思いました。

Q 仕事をする上で、大事にしていることは何ですか？

患者の気持ちになって接することです。患者の意識があるときは、なるべく痛みを感じないように工夫したり、なぜこの処置が必要なのか、納得のいくように説明したりすることを心がけています。

また、カルテだけを見て判断せず、自分の目で確認したり、患者の肌にふれたりしながら診断することを、とても大切にしています。

でも、どんなに医療者ががんばっても、すべての人を救うことはできません。患者が亡くなったときは、ただ悲しむだけで終わらせず、あのときこんな処置もできたんじゃないか、と自分の中でしっかりとふりかえるようにしています。そうすることで、患者の死をのりこえ、前に進むことができるんです。

病院にもどってきたら、患者の状態をすぐにパソコンでカルテに記入する。

1日に平均3～4回のフライト要請があり、医師ふたり、看護師ひとりで現場へと向かう。

Q 仕事をする上で、むずかしいと感じる部分はどこですか？

救命救急の現場は社会の縮図のようなところです。ここには、貧しい人、心に病気のある人、ホームレスの人など、いろいろな人が患者としてやってきます。せっかく治療をして元気になっても、帰る家もなければ、社会にもどる場所もないことがあるんです。

そのため、ソーシャルワーカー※や、地方公共団体との連携が必要になります。医師は病気やけがだけではなく、患者のかかえるむずかしい問題を解決することも考えなくてはならないと思っています。

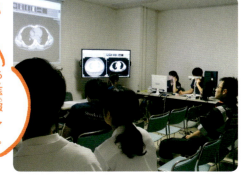

毎朝、入院している患者のようすを、医師と看護師で情報共有する「カンファレンス」が行われる。

用語 ※ ソーシャルワーカー ⇒ 患者のかかえる社会的な問題を解決し、社会復帰をうながす仕事。

- 救命用具
- スマートフォン
- 携帯電話
- 聴診器
- トランシーバー

PICKUP ITEM

現場で救命医療を行うための救命用具（左）は、つねに足りないものがないように用意。現場のようすを病院に映像で送る機能がついたスマートフォン（中上）。いつでも出動できるように携帯電話、聴診器、トランシーバーはつねに身につけている。

Q 今までにどんな仕事をしましたか？

大学卒業後、地元である茨城県の病院で初期研修医として仕事をし、そのあとは内科医として地元の小さな病院で働きました。このとき、交通事故で運ばれてきた人が目の前で亡くなったことがあり、もっと救命の方法を知っていれば助けられたかもしれないと、くやしい思いをしました。その経験から、救命救急医になろうと決めたんです。

それまで内科が専門のぼくは、けがで命の光が消えかけている人を助けるような治療法を知りませんでしたし、現場で手術した経験も、まったくありませんでした。今の病院ではかなりいろいろな経験をし、技術を身につけられました。

でも、内科医の経験が役に立つこともあります。けがで運ばれてきた高齢者が、外傷だけでなく、糖尿病や高血圧などの病気をもっている場合もあります。そのことにいち早く気づくことができ、内科医に伝え、治療をしてもらいます。

Q ふだんの生活で気をつけていることはありますか？

この仕事は体力を維持し、体調を整えることが大切なので、風邪をひかないように気をつけたり、早く帰れたときはたっぷり睡眠を取ることも心がけています。

あと、ドクターヘリは雨やくもりだと飛べないので、自分が担当でないときも、天気はいつも気になってしまいますね。

Q これからどんな仕事をしていきたいですか？

じつは、宇宙飛行士になる夢をもっています。宇宙飛行士として選ばれた人の中には、医師を職業とする人がたくさんいます。もし夢がかなったら、宇宙空間で救命医療をどう提供するか、緊急時にどうやって地球の病院に搬送するのか、といった課題の解決に取りくんでみたいです。

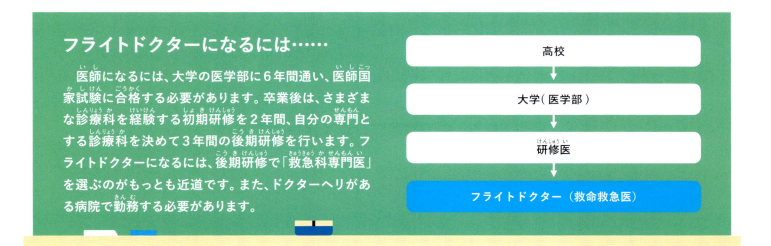

フライトドクターになるには……

医師になるには、大学の医学部に6年間通い、医師国家試験に合格する必要があります。卒業後は、さまざまな診療科を経験する初期研修を2年間、自分の専門とする診療科を決めて3年間の後期研修を行います。フライトドクターになるには、後期研修で「救急科専門医」を選ぶのがもっとも近道です。また、ドクターヘリがある病院で勤務する必要があります。

高校 → 大学（医学部）→ 研修医 → フライトドクター（救命救急医）

Q フライトドクターになるにはどんな力が必要ですか？

ドクターヘリで現地に飛んでいき、適切な処置をするためには、自分自身が健康であることと、長時間の仕事にも耐えられる体力は欠かせません。

それから、コミュニケーション力も必要です。この仕事は、ひとりではけっしてできません。ドクターヘリの機上で現地にいる救急隊と無線で連絡を取りあったり、現場についたら患者や家族から情報を引きだしたり、看護師や検査技師に適切な指示を出したりと、人との会話で成りたっている職業です。

また、英語力も必要です。学会発表はすべて英語ですし、医学の新しい情報はすべて英語で入ってきます。日本語訳される前に内容を知るためには、英語の読み書きが不自由なくできることが求められます。

小田さんの夢ルート

小学校・中学校 ▶ 宇宙飛行士
父親がJAXAで仕事をしていた影響で、小さいころから宇宙が大好きだった。

高校 ▶ 宇宙に関わる仕事、医師
大学で宇宙工学を学ぼうと考えていたとき、テレビで「国境なき医師団」のことを知り、医師の仕事に興味をもつ。

大学 ▶ 医師
地域医療に興味をもち、医学部で勉強する。卒業後は研修医を経て内科医として働く。

内科医 ▶ フライトドクター
目の前で患者が亡くなる経験をし、命をひとつでも多く救いたいと決意する。

Q 中学生のとき、どんな子どもでしたか？

数学が好きで、数学オリンピックにも挑戦していました。自分である程度道を決めながら答えを導いていく過程に、わくわくするんです。むずかしい問題をスラスラと解いている人がたくさんいて、世の中には自分よりすごい人がたくさんいることを思い知らされましたね。

部活ではバレーボール部に所属して、毎日練習に明けくれていました。バレーボールというスポーツはひとりではできません。チームのみんなでボールを拾って、上げて、だれかが最後に打つという、チームプレイが重要です。同じように、救命救急もひとりひとりの力を結集して、チームプレーで仕事を進めていかなければいけません。バレーボールは中学、高校、大学まで続けたのですが、その中でつちかった、みんなで協力して物事に立ち向かう力は、今の仕事にも活かされていると思います。

中学時代の小田さん（左）。中学の卒業式では、クラスの総代をつとめ、卒業証書を受けとった（下）。

Q 中学のときの職場体験は、どこに行きましたか？

職場体験はありませんでしたが、中学3年生のときに、学校にいろいろな職業の方が講演に来られて、仕事の話をしてくださる機会がありました。

医師、弁護士、中央省庁の職員など、たくさんの方の中で、いちばん興味をもったのは、宇宙飛行士で医学博士でもある、向井千秋さんのお話でした。

Q 向井千秋さんの話を聞いて、どんな印象をもちましたか？

宇宙飛行士になるための訓練方法とか、宇宙飛行士になるには技術や知識だけじゃなくコミュニケーション能力も必要といった話を聞いて、自分もいつか宇宙飛行士になりたいと胸を熱くしましたね。

この講演のほか、中学3年生のときにJAXA（宇宙航空研究開発機構）が主催している宇宙実験教育プログラムというイベントにチームで参加したときも、向井さんのお話を聞くチャンスがありました。

イベントでは、「タンパク質または結晶に関して、宇宙空間でどんな実験をしてほしいか」というテーマのもと、わたしたちのチームは、「大豆からきれいなタンパク質の結晶をつくりだす実験」を提案し、努力賞のメダルをもらいました。

Q この仕事をめざすなら、今、何をすればいいですか？

中学生のうちに、たくさんの人と出会って、世代をこえた柔軟なコミュニケーションが取れるようにしておくとよいですね。例えば、地域のボランティア活動に参加して、お年寄りや子どもたちと積極的に関わるのもおすすめです。

また、何かを決めるとき、人の意見に左右されるのでなく、自分の意見をしっかりともつことも大事です。重傷の患者がたくさんいる救命救急の現場では、瞬時の決断力が求められます。自信をもって自分の意見を言えるだけでなく、それをまわりにうまく伝えること、他人の意見をくみとることが大切だと、日々実感しています。

JAXAのイベントでもらった努力賞のメダル。

命の光が消えかけている人をぼくらが助ける

- 今できること -

ふだんの暮らし

フライトドクターは、目の前にいる患者を救うために一分一秒を争う仕事です。自分の判断ミスで患者の命が危険にさらされることがあるため、的確な判断と決断力が必要です。部活の試合中など、大事な場面で瞬時に最適な方法を選択できるよう訓練しましょう。

また、災害・事故の現場で消防士や看護師に指示を出すのもフライトドクターの役割です。クラスの学級委員や部長などを積極的につとめ、リーダーシップを身につけるとよいでしょう。

 国語 患者や患者の家族に、病状や治療法についての説明をする場面が多く訪れます。語彙力と表現力を豊かにする国語の力は欠かせません。

 数学 数学で身につく論理的な思考力が、医師として役立ちます。わからない問題もできるまで取りくみましょう。

 理科 はば広い医療の知識が求められます。骨や筋肉、臓器のしくみや、麻酔や医薬品の成分を理解するために、理科で学ぶことをしっかり身につけておきましょう。

 英語 医師になってからも、つねに最新の研究を学びつづけることが必要です。海外の論文を読んで理解できるだけの読解力や語彙力を身につけましょう。

File No.63

心臓血管外科医
Cardiovascular Surgeon

大阪市立大学
医学部附属病院
安水大介さん
医師8年目 33歳

全身に血液を送るわたしたちの心臓は、人間にとってもっとも大切な臓器のひとつです。そんな心臓の病気を手術で治すのが、心臓血管外科医です。大阪市立大学医学部附属病院で、心臓の手術を行っている安水大介さんにお話をうかがいました。

> 心臓の病気で苦しむ人たちをひとりでも多く笑顔にしたい

Q 心臓血管外科医とはどんな仕事ですか？

心臓に不具合のある患者さんに手術を行い、元気になって退院するまで見守る仕事です。

手術をする前に、まずは精密な検査を行います。その結果をもとに、どんな手術や治療を行うかを、10人弱のメンバーからなるチームで検討します。次に、決まった治療方針を患者さん本人やご家族にていねいに説明していきます。そこで同意を得られたら手術を行うのです。

手術後は、患者さんの心臓の状況を確認しながら回復のようすを見守ります。そして、最終的に患者さんが元気になって退院されるのを見送ります。患者さんの退院後も、外来で経過を見守ります。これがこの仕事の一連の流れです。

患者さんの検査結果が思わしくないときには、緊急の手術が入ることもあります。また、月に3〜4回は患者さんの急変に備えて病院に泊まりこむ当直勤務があります。

肉体的にも精神的にもハードな仕事ですが、ひとりでも多くの患者さんを救うために、けっして手はぬけません。

心臓血管外科チームでの打ち合わせ。患者の状況をスタッフ全員で共有し、容態が急変しても対応できるよう備えている。

心臓の手術のようす。手術チームは心臓血管外科医だけでなく循環器内科医や臨床工学技士、オペナースなど、さまざまなスペシャリストで構成される。

Q 仕事をする上で、大事にしていることは何ですか？

この病院の心臓血管外科が、スタッフ全員にとって居心地のよい職場になるように心がけています。親睦会などのイベントを企画したり、楽しい会話を心がけたりします。

患者さんをいっしょに診察しているときなど、ぼくはよく学生時代からの恩師の柴田利彦教授にからかわれています。でも、それで患者さんが笑顔になってくれるのならうれしいです。病棟内でのやりとりがうまく運ぶように、ぼくが潤滑油の役割になれればよいなと思っています。

職場のみんなが一体感をもったチームになることで、患者さんによりよい医療を提供できると考えているからです。

Q どんなところがやりがいなのですか？

患者さんが、手術でみるみる元気になっていくようすを目の当たりにできることです。

例えばがんの患者さんの場合、手術をしてがんを取りのぞいても、元気になるまでには時間がかかることが多いです。しかし、心臓に問題がある場合は、適切な手術で問題の原因を取りのぞけば、亡くなりそうだった患者さんが、手術の翌日には自力で食事ができるまでに回復できるのです。これは医師として本当に大きな喜びです。

安水さんのある1日

- 07:30 出勤。入院患者の回診
- 08:00 心臓血管外科のカンファレンス
- 09:00 手術
- 15:00 手術終了
- 15:30 ランチ
- 16:00 手術後の患者の診察、検査結果の分析、翌日の手術の準備、学会発表の準備など
- 19:30 心臓血管外科の勉強会に出席
- 21:30 退勤

「遅い昼食を買いに出たすきにも、ポケットの電話が鳴る。『携帯電話は手放せませんね』」

「患者さんの退院を見届けたあとには、自然と足取りも軽くなります」

Q なぜこの仕事をめざしたのですか？

ぼくの家は父も祖父も曽祖父も医師で、ものごころついたときから、何となく「自分も将来は医師になるのかな？」と思っていました。そんなぼくの転機は、1995年の阪神淡路大震災でした。

当時、ぼくは小学生で、神戸市であの震災を体験しました。震度7の大地震で、自分たち家族も大変な状況の中、内科医だった父は、医師として仕事に出かけ、何日も帰ってこないこともありました。その父の後ろ姿を誇らしく思い、自分も人を救える医師になろうと決意しました。

それからは、医学部に入るため、本当に一生懸命勉強をするようになりました。念願かなって医学部に入ったころは、かっこよさそうという理由で救命救急医を志望していました。でも、実際に医学の勉強を始め、心臓血管外科医の仕事内容を知ってからは、しだいに心臓血管外科医になりたい気持ちが強くなりました。すぐに患者さんの元気になった姿を見られることに喜びを感じ、自分の手でひとりでも多くの患者さんやご家族を笑顔にしたいと思ったんです。

Q 今までにどんな仕事をしましたか？

医師になってからずっと、大学からの恩師である柴田教授の心臓血管外科チームで、診察や手術をしてきました。心臓血管外科の手術も毎週のように行い、技術をみがきました。今は、関連病院に出向いて手術をすることもあります。

また、むずかしいとされる心臓の手術の技術を、だれもが再現できるようにできればと考えて、手術の方法や教育の方法の研究にも力を入れています。ひとりの医師が不眠不休で何件もの手術をするよりも、同じレベルの手術ができる医師が何人もいる方が、助けられる患者さんは多くなります。医師の負担も軽くなるでしょう。

そのために、京都大学医学教育研究センターやアメリカのスタンフォード大学で学び、医学教育に関する研究も行ってきました。また、「若手心臓外科医の会」の副代表や「日本心臓血管外科学会U40」の幹事もつとめています。医学教育の推進をテーマに、日本中の心臓血管外科医が技術や症例を共有し、診察や手術のレベルを上げていけるように、努力を続けています。

• 心臓と血管の臓器模型 •

• 鑷子 •

• サージカルルーペ •

• 持針器 •

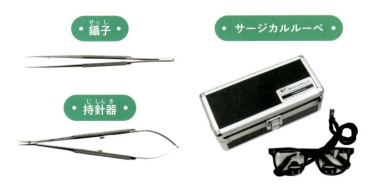

PICKUP ITEM

心臓や血管の模型は、患者に病状や手術内容を説明するときに使う。鑷子（ピンセット）と、傷口を縫う持針器は、手術で使うのと同じものを持ちあるいて練習している。手元を拡大して見られるサージカルルーペは安水さんの視力に合わせた特注品。

Q 仕事をする上で、むずかしいと感じる部分はどこですか？

家族と過ごす時間や患者さんとふれあう時間が足りないのが悩みの種ですね。

医師の仕事には、根性でのりきらなくてはいけない場面や、効率化できていない部分が意外と多いと感じています。例えば「医者の不養生」じゃないですけど、当直明けの疲れきった状態で手術をこなしたのが美談にされていたり、長引きがちな会議やカンファレンスが多かったり……。

ぼくは、先ほど言ったように、同じ手術をできる医師を増やして体調を万全に整えて手術に臨みたいですし、会議やカンファレンスも効率化したいです。そうすれば、もっと家族や患者さんとの時間がつくれるのではないかと思います。

Q ふだんの生活で気をつけていることはありますか？

縫合の練習セットをつねに手元に置き、空き時間を見つけては、手術の練習をしています。速く、正確な手術ができれば、それだけ患者さんの回復も早くなるからです。

プライベートでは、携帯電話の電波が届かないところには行かないように心がけています。いつ、患者さんの容態が急変したり、緊急の手術が入ったりするかわかりませんから。24時間、仕事のことが頭から離れることはないですが、この仕事に誇りをもっているので、苦ではありません。

気分転換をしたいときには、大好きなサッカーをしたりマラソン大会に向けて走ったりと、外の空気を吸うようにしています。体力づくりにもなるので一石二鳥ですね。

「だれもが高度な心臓血管外科手術をできるようにしたい」と話す安水さんに、「がんばれよ！」とエールを送る柴田教授。

Q これからどんな仕事をしていきたいですか？

個人としての目標は、もっと手術の腕をみがいて、人としてのふところの深さも身につけることです。柴田教授に認められるような一人前の心臓血管外科医になりたいですね。

大きな目標としては、やはり、同じように高度な心臓血管外科手術ができる医師を増やすことです。医師に対して技術をしっかり教育できる仕組みをつくっていきたいと思っています。とにかく、心臓の病気で苦しむ患者さんをひとりでも多く治したいんです。たくさんの患者さんに、元気になって人生を楽しんでほしいですね。

10分ほどの空き時間にも、手術の練習をする。「からだが手術を覚えるくらいにしておきたくて、時間を見つけては、やっています」

心臓血管外科医になるには……

医師になるには、医師免許が必要です。医師免許は、大学の医学部に入って6年間学び、医師国家試験に合格することで取得できます。心臓血管外科医の多くは大学病院や大きな総合病院で働いています。医師国家試験に合格し、研修医になってはば広く学んだあと、心臓血管外科の専門知識と技能を身につけ、何年もかけて一人前の心臓血管外科医になることができます。

高校 → 大学（医学部）→ 研修医 → 心臓血管外科医

Q 心臓血管外科医になるにはどんな力が必要ですか？

医学部をめざすということで、学力が必要と思われるかもしれませんが、この仕事でいちばん大切なのは、思いやりとコミュニケーション力です。

患者さんやご家族に必要以上の不安をあたえないようにしながら病状について説明したり、ほかの医療スタッフとやりとりをしたり。医師の仕事は、テストで満点を取るのが得意なだけという人にはつとまらないと思います。

心臓血管外科医に限っていうと、手先の器用さや瞬間的な判断能力が必要です。髪の毛よりも細い糸を使って、心臓の重要な血管を縫いあわせるといった手術を、限られた時間内で行わなくてはいけないので。それから、大変な手術をするには、心の強さも大事ですね。

ぼくの場合、判断能力を身につけるのには、小学校、高校、大学と続けてきたサッカーが役立っているような気がします。

同僚の医師ともコミュニケーションを取って、おたがいの考えを理解しあう。

安水さんの夢ルート

- **小学校・中学校 ▶ 医師**
  阪神淡路大震災のときの父親の姿を見て、医師になりたいという目標がはっきりした。

- **高校 ▶ 医師**
  留学をした友人の話を聞き、一時は国連の職員など国際的な仕事にあこがれたが、医師でも国際的な活躍はできると考えなおす。

- **大学 ▶ 救命救急医 → 心臓血管外科医**
  心臓の手術をした患者が翌日には廊下を歩いているのを見て感動し、心臓血管外科医をめざすように。

Q 中学生のとき、どんな子どもでしたか？

じつは、中学受験のときに医学部への合格者を多く出している私立の進学校をめざしたものの、受験に失敗してしまったんです。それで、中学は地元の公立に通っていました。

それでも中学校生活は楽しかったです。文化祭や体育祭などでも盛り上げ役で、2年生までは学級委員や生徒会役員もやっていました。でも、3年生になってからは、最後の文化祭や体育祭に力を入れたいという気持ちをぐっとこらえて、行事を楽しむ同級生の中、ひとり死ぬ気で勉強しました。希望通りの私立中学に行った人たちには負けたくない、どうしても医師になりたい、という意地でしたね。

そのぶん、どうにか希望の高校に入ったあとは、部活のサッカーに、応援団にと全力投球しました。

絶対に実現したい夢や目標があるなら、どこかのタイミングでは、優先順位を考えてほかのことをがまんしなくちゃいけない時期もあるんじゃないかな、とぼくは思います。

中学の卒業式の日の安水さん。「3年生のときは、1年間死ぬ気で勉強しました」

Q 中学のときの職場体験は、どこに行きましたか？

ぼくたちは、神戸市の市立中学で「トライやる・ウィーク」という1週間の職場体験プログラムが始まった第一期生でした。学校から用意されたいくつかの候補の中から、ぼくは自分の将来の夢に近い病院を選びました。

病院といっても、中学生では当然医療行為はできませんから、病院内で看護師さんについてまわって、入院している患者さんの食事の世話をしたり、話し相手になったりというようなことをしました。

Q 職場体験では、どんな印象をもちましたか？

ありがちなんですが、「看護師さんの仕事は大変だなあ」と思いました。

医療にたずさわる仕事の大切さは、祖父や父を子どものころから間近に見ていて知っているつもりになっていましたが、いざ目の前に病気で苦しんでいる人が現れたときに、笑顔を絶やさずに接したり、いやな顔ひとつせずにぐちを聞いてあげたりするのは、並大抵のことではないと感じたのです。

そして、医師になりたいというぼくの目標は、よりはっきりとしたものになりましたね。「阪神淡路大震災のとき、自分たちも被災者でありながら、医師として救命活動に行った父のことを誇りに思う。自分もそんな医師になりたい」というような作文を書いた記憶があります。

Q この仕事をめざすなら、今、何をすればいいですか？

勉強はもちろんですが、部活でも学校の行事でも、一生懸命に取りくんでほしいですね。

そう言いつつ、ぼくの場合は、学校行事や部活を思いきり楽しむ余裕はあまりありませんでした。もし本気で医学部をめざしているのだとしたら、どこかで勉強を最優先にしなくてはいけない時期があるのも、また事実でしょう。

中学3年生のときのぼくは「今はがまんしてるけど、高校に入ったら全部やったるで！」と毎日自分に言いきかせていました。そして、あの猛勉強がなければ今の自分はないと断言できます。そういう意味でも、熱いハートと冷静な判断力の両方をもち、後悔しない中学生活を過ごしてください。

中学1年生のとき安水さんが書いた「将来の夢」の作文。医師になりたい思いを熱くつづった。

「ぼくの手術で患者さんがみるみる元気になっていくのが喜びです」

– 今できること –

ふだんの暮らし

医師になるには、まず医学部に入学しなければなりません。学校の勉強に真剣に取りくみ、苦手科目をなくしましょう。また、医師には思いやりの心やコミュニケーション能力が不可欠です。友だちとのやりとりの中で、自分の思いを適切に説明する力をつけましょう。

また、心臓血管外科医の手術では、手先の緻密な動きや段取りを考える力が要求されます。これらの能力は一朝一夕には身につきませんが、裁縫や料理の練習をするなど、小さなところから心がけていきましょう。

 数学 医師の仕事には論理的な思考力が必要です。この力は数学の力を通じて身につけられます。

 理科 人間のからだの仕組みや薬が効く仕組みなどの土台になっているのは理科の授業で学ぶ知識です。

 体育 手術や当直勤務など、医師の仕事はハードです。それらをこなせるだけの体力を身につけましょう。

 家庭科 手術では、精密な手の動きが求められます。裁縫や料理の細かい作業にも、積極的に取りくみましょう。

 英語 海外の医学情報を入手したり、英語で書かれた論文を読んだりするには英語の力が必要です。留学などをする場合にも、高い英語力は不可欠です。

File No.64

オペナース
Operating Room Nurse

昭和大学横浜市北部病院
齋藤祥子さん
看護師4年目 25歳

医師との完璧な
コンビネーションで
手術を成功させます

手術で、医師に手際よく必要な器具をわたす看護師のことを、オペナースといいます。昭和大学横浜市北部病院でオペナースをしている齋藤祥子さんに、仕事の内容やオペナースに必要な技術についてうかがいました。

Q オペナースとはどんな仕事ですか？

「オペ」は英語の「オペレーション」という手術を表す言葉の略で、「ナース」は看護師を意味します。その言葉通り、オペナースは、病院の手術室で働く看護師です。ドラマや映画に登場する手術のシーンを思いうかべると、イメージしやすいと思います。

手術を行うときは、ふつう、手術の中心となる執刀医、執刀医の助手をつとめる介助医、麻酔科医、患者のからだにつなげる医療機器を操作する臨床工学技士（循環器のオペのみ）、「器械出し」をするオペナース、「外回り」のオペナースというメンバーでチームを構成します。

「器械出し」とは、メスやガーゼ、手術に必要な器具を準備し、執刀医や介助医とともに手術に参加して、医師が必要とする器具を適切なタイミングで手渡すことです。

「外回り」のオペナースは、手術中に急に必要となった器具の準備をしたり、麻酔科医の補助をしたり、患者さんのからだの状態を確認したりしながら、手術がスムーズに進行できるようにサポートします。

手術を行う前には打ち合わせをし、流れを確認します。手術によって手順はだいたい決まっていますが、想定外のことが起こりうるので、臨機応変に対応する能力が必要です。

Q どんなところがやりがいなのですか？

器械出しのとき、医師から指示される前に、さっと器具を手渡せるのは、手術の流れを理解しているということです。これは、日ごろから勉強し、経験を重ねた証しだと思います。

眼科や整形外科など、診療科ごとに使う器具や手順はちがいます。手順の少ない手術でも、20～30種類もの器具が必要になります。オペナースが器械出しで一人前になるには、手術がスムーズに進むように、すべての器具の名前と役割を覚え、手術内容を理解しなくてはなりません。

また、医師によって器具の呼び方がちがうこともあります。医師たちのくせやこだわりも覚えておく必要があるんですよ。

「使う器具が医師によって微妙にちがうこともあり、器械出しの仕事は奥が深いんです」

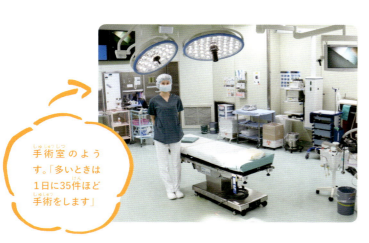

手術室のようす。「多いときは1日に35件ほど手術をします」

朝いちばんに手術室に入り、備品や消耗品のチェックをし、部屋の準備を行う。

齋藤さんの1日

- 07:30　出勤。着がえて手術室の準備
- 08:00　申し送り。夜勤の看護師から仕事を引きつぐ
- 08:15　患者を病棟までむかえに行く
- 08:30　手術室に患者が入室
- 08:45　麻酔開始
- 09:15　手術開始
- 11:00　交代で休憩
- 14:45　手術終了
- 15:45　患者が退出
- 16:15　次に手術する患者が入室
- 16:30　夜勤の看護師に仕事を引きつぐ
- 17:00　前日に手術した患者の術後訪問
- 17:30　翌日の手術の確認
- 18:30　退勤

Q 仕事をする上で、大事にしていることは何ですか？

手術が始まると、途中で水を飲んだり、薬を服用したりすることはできません。手術中に体調が悪くなると、みんなに迷惑がかかります。だから人一倍、健康には気をつけるようにしています。

また、患者さんの気持ちに寄りそうことも、オペナースの役目です。手術を受ける前は、だれだってこわいし、不安です。オペナースは病棟の看護師とちがって、患者さんとコミュニケーションを取る時間はあまりありません。直接話ができるのは、手術の前日にようすを聞くときと、当日、手術室に入って、麻酔が効いて寝てしまうまでのほんの10分程度です。短い時間ですが、「こんな流れで手術をしますよ」「昨日は眠れましたか？」と声をかけ、患者さんが少しでも落ちついた気持ちで手術を受けられるように心がけています。

手術で外回りを担当するときには、患者の心拍数や血圧などの状況をモニターで確認する。

Q なぜこの仕事をめざしたのですか？

高校1年生のときに、突然父が亡くなったことがきっかけです。

前日まではいつもと変わらないようすだったのですが、朝、父がなかなか起きてこないので見に行ったら、すでに息を引きとっていて……。多分、心筋梗塞だったのだと思います。数か月前に、母方の伯母がガンで亡くなっていたことも重なり、残されたわたしたちは、大きなショックを受けて悲しみからなかなか立ちなおれませんでした。身内に医療関係者がいなくて、何もできなかったことに対する無力感もありました。

高校3年生のとき、進路について考えていると、「資格があればどこでも仕事ができるし、やりがいのある人生になるのでは」と、母がすすめてくれたのが看護師でした。

Q 今までにどんな仕事をしましたか？

当院に就職してから半年間は、週に1～3回ほど研修を受け、基礎的な看護技術や知識について学びました。それと同時に、手術室では先輩看護師が「プリセプター」という教育・指導担当役で、器械出しや外回りの役割をくわしく教えてくれたり、いろいろな相談にのってくれたりしました。

実際の手術にも先輩といっしょに入り、先輩が仕事をするようすを近くで見ながら勉強しました。1か月ほど経つと、まずは器械出しとして、比較的手順の少ない手術でデビューし、先輩が外回りに入って、何かトラブルが起きたときのために備えてくれました。

完全にひとりで器械出しができるようになったのは、就職して2か月後くらいです。人によって独り立ちの時期はちがいますが、勉強や練習に熱心に取りくむ人は早いです。

現在は、器械出しと外回り、どちらにも対応し、毎日何らかの手術に入っています。わたしも今はプリセプターの立場となり、新人教育にも力を入れています。

オペナースが集まるナースセンター。

Q 仕事をする上で、むずかしいと感じる部分はどこですか？

手術中に患者さんのからだに異変が起きて、処置の方法や展開が変わったときや、冷静な対応を求められるときです。

例えば、急に大量出血して患者さんの血圧が下がり、場の空気がピリピリしてしまうことがあります。そんなときもあわてず、的確に器械が出せると、医師も落ちついて作業ができるし、止血も短時間で終わります。チーム一丸となって患者さんを救うことができたときは、何にも代えられない達成感がありますね。

しかし、たとえ手術がうまくいっても、その後亡くなってしまう人もいます。そのときは、とても残念で悲しい気持ちになります。

・器械出しのときの手術衣

PICKUP ITEM

「わたしたちは、完全な無菌状態のことを"清潔"と言っています。手術で器械出しを担当するときは清潔が絶対です」と齋藤さん。手術衣を着るときは別のスタッフにひもを結んでもらい、グローブは感染を防ぐため二重に着用する。これらはすべて殺菌処理された、使い捨てのもの。ドアの開閉も足ぶみ式(右下)。

手術室に入る前には、殺菌力の高いせっけんを使い、滅菌水でひじまで念入りに洗う。

Q ふだんの生活で気をつけていることはありますか？

　長い時間立ちっぱなしで、複雑なオペを担当すると、へとへとに疲れます。そんなときは、疲れを引きずらないよう、気持ちの切り替えを心がけています。

　休日には、ジムに行って汗を流したり、友人と会っておしゃべりしたり、どこかにでかけたりします。わたしの趣味は、ラーメン店めぐりです。友人5人と「ラーメン部」を結成し、みんなで自転車にのって東京都内をめぐり、ラーメン店のはしごをします。1日に7杯のラーメンを食べることもありますよ。都内は坂が多いので、自転車での移動はかなり疲れますが、「最後の1杯めざしてがんばろう！」とはげましあうんです。すごくストレス解消になりますね。

Q これからどんな仕事をしていきたいですか？

　このままオペナースとしてキャリアを重ねるか、いずれ病棟勤務に異動の希望を出すか、どちらかを考えています。でも、オペナースとしての技術をもっとみがきたいという思いが強いですね。わたしもまだオペナースとしては4年目で、一人前とは言えません。すべての手術で仕事をこなせるようになるには、5～6年のキャリアが必要だと思います。

　オペナースとして熟練した技術と知識をもっている証しとして、「手術看護認定看護師」という資格があります。わたしもいずれは取得して、患者さんにより質の高い看護を提供できたらと思っています。

オペナースになるには……

　手術室のある病院に就職したあと、手術室への配属を希望すると、オペナースになることができます。オペナースになるための特別な資格はありませんが、看護師の資格は必要です。資格を得るためには、看護師を養成する大学や専門学校に通い、国家試験に合格しなくてはいけません。看護系の学校には3年制の短大や看護専門学校、4年制の看護系大学があります。

高校
↓
看護系大学・看護学校
↓
オペナース

Q オペナースになるにはどんな力が必要ですか？

この仕事は、手術が長時間に渡ると、昼食をとるのが15時を過ぎたり、1か月に3、4回夜勤に入ったりするため、不規則な生活になりがちです。疲れが取れないまま翌日をむかえることもあります。体力があることは第一条件です。

また、手術中には、患者さんのからだの中身を見ることになるので、内臓や血を見るのが苦手な人には向いていないと思います。わたしは新人時代から、血しぶきが飛んできたりしても平気なタイプでしたね。

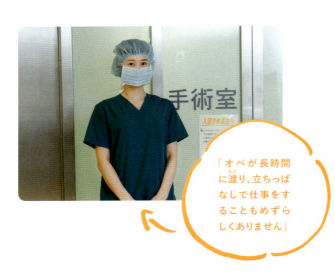

「オペが長時間に渡り、立ちっぱなしで仕事をすることもめずらしくありません」

齋藤さんの夢ルート

小学校 ▶ 考古学者
恐竜が大好きで、いつも図鑑をながめたり、恐竜グッズを集めたりしていた。

中学校 ▶ 建築士
父から建築用のソフトをプレゼントされ、パソコン上で家の間取りやレイアウトを考えて立体的にデザインすることに夢中になった。

高校・大学 ▶ 看護師
父を亡くし、無力感におそわれていたが、母のすすめで看護師になることを決意し、看護学部のある大学へ進学。

Q 中学生のとき、どんな子どもでしたか？

走るのが得意だったので、陸上部に入りました。地域の陸上大会やマラソン大会などで、上位に入賞していましたね。

得意科目は、英語でした。週に1度の必修クラブで英語クラブに入り、英語で書かれた絵本を読んだり、カルタで遊んだりして、英語のおもしろさに夢中になりました。

体育祭や学園祭などの行事では、リーダー的な立場になっていました。流されて何となく参加するよりは、積極的に取りくむ方が楽しいと思っていたんです。

英語が得意で、スピーチコンテストで優勝したこともある。（中央が齋藤さん）

英語クラブで読んでいたという英語の絵本。

Q 中学のときの職場体験は、どこに行きましたか？

中学2年生のとき、近所のファミリーレストランと、動物ふれあい広場で、各1日ずつ体験しました。

わたしたちの学校では、先生が体験先を提案するのでなく、自分たちで体験する場所を考え、電話で直接交渉しました。グループでいろいろな案を出し、電話をかけてみましたが、決定するまではいくつか断られましたね。会社や施設に電話をかけて体験する場所が決まるまでに、かなりの時間を費やしました。先生から計画の立て方、電話のかけ方、交渉するときの言葉の使い方などを教わり、社会人はこんなふうに仕事をしているのかと勉強になりました。

陸上部で数々の賞を取っていた齋藤さん（中央）。

Q 職場体験では、どんな印象をもちましたか？

ファミリーレストランでは、お店の人と同じ制服を着て、できあがった料理を運ぶ仕事をしました。最初は、料理をこぼしそうでドキドキしましたが、アルバイトをしている気分で楽しめました。接客をするときには、どんな話し方をするとお客さんに伝わりやすいのかを考えました。

動物ふれあい広場では、ポニーやウサギ、モルモットのフンのそうじをしたり、エサやりや水やりなどの世話をしました。言葉の通じない動物たちが相手なので、「これをしてあげたら喜ぶかな」と動物の気持ちを想像しながら世話をしていました。休む時間もなく仕事をして、とてもハードでしたね。また、中学時代に動物の命をあずかる責任のある仕事にたずさわったことは、現在の仕事をする上でも活きているのかなと思いますね。

Q この仕事をめざすなら、今、何をすればいいですか？

手術はチームで行います。手術を成功させるには、医師とのコンビネーションがとても大切です。クラスや部活動で何かの目標に向かうときは、自分の役割は何かを理解し、チームワークを大切にしましょう。

また、オペナースは、手術の進行についてすべて理解し、知識や経験を積まないとできない仕事です。人の命をあつかうので、けっしていい加減なことはできません。だから、オペナースになったあとも必死に勉強し、前に進まなくてはいけません。部活でも勉強でも趣味でも、とにかく一生懸命取りくみましょう。「続けること」が自信につながると思います。

チーム一丸となって患者さんを救えたときの達成感は何にも代えがたいです

－ 今できること －

ふだんの暮らし

手術中、オペナースは次の動きを予測して、医師が求めている器具を差しだしたり、手術がスムーズに進行するようにサポートしたりします。友人や部活の仲間が何を考えているか、何を求めているかを察知できる力をみがきましょう。

また、手術はいつも予定通りに進むわけではありません。途中で患者の容態が急変したときでも、冷静な対応をすることが必要です。ふだんの生活で予測できないことが起こったときも、あわてないことを心がけましょう。

国語 患者の気持ちに寄りそうには、人の心を理解しようとする力が必要です。さまざまな文学作品にふれて、登場人物の心情を読みとく力をみがきましょう。

理科 手術の手助けがスムーズにできるように、人間のからだの仕組みについて学びましょう。

体育 長時間の労働や不規則な勤務形態が当たり前の仕事です。今から体力をつけておきましょう。

英語 手術の用語や器具の名前など、病院では英語が多く使われます。ただ暗記するのではなく、単語の意味を理解しておくと早く覚えられるでしょう。英文を読解したり、単語帳を活用したりして、語彙力をのばしましょう。

File No.65

医薬品研究者
Pharmaceutical Researcher

武田コンシューマーヘルスケア
橋爪里奈さん
入社5年目 28歳

わたしがつくった**医薬品で日本中の人たちを健康に**したいんです

病気になったり、けがをしたりしたとき、わたしたちを助けてくれるのが医薬品です。医薬品の研究開発に力を入れている武田薬品工業の子会社、武田コンシューマーヘルスケアで一般用医薬品の研究をしている橋爪里奈さんにお話をうかがいました。

Q 医薬品研究者とはどんな仕事ですか?

病院で処方されたり、薬局やドラッグストアで買ったりすることのできる、医薬品をつくる仕事です。

医薬品には、大きく分けて病院で入院患者に投与したり医師が診察をして処方せんを出したりする医療用医薬品と、お客さまが自分で判断して薬局やドラッグストアで買うことのできる一般用医薬品があります。わたしはこのうち、一般用医薬品の研究開発の仕事をしています。

じつは、からだに効く薬の成分は、それだけだとにおいがきつかったり、味がとても苦かったり、すぐに性質が変わって効き目が弱くなってしまったりします。わたしは、それを飲みやすいものにするために、どのような材料を加えるか、どんなつくり方が合っているのかなどを考え、実際に試作をして、特性評価※を行います。試作と評価を何度もくりかえし、「これなら大丈夫」となったら、薬の承認や販売を許可する都道府県知事や大臣に医薬品の申請を出します。

同時に、実験室での小規模な試作ではなく商品として大量につくることができるように、生産工場でその医薬品をつくる準備を進めます。生産工場できちんと同じ品質の医薬品が製造できることを見届けるまでがわたしの仕事です。

実験室での1コマ。有効成分が正確に入っているか確認する試験。

Q どんなところがやりがいなのですか?

自分が研究にたずさわった一般用医薬品を家族や友人が服用して、「効いたよ」などと言ってもらえたときに、いちばんやりがいを感じます。一般用医薬品はお客さま自身が買うことができ、多くの人に知ってもらえるのがうれしいです。テレビでその医薬品のCMを観たり、実際に店頭に並んでいるのを見かけたりしたときも、誇らしい気持ちになりますね。

また、いろいろな医薬品の研究開発にたずさわれるのも、研究者としてうれしいところです。

医療用医薬品の場合は、ひとつの研究開発に何十年もかかります。「一生研究してひとつの医薬品を出せるかどうか」と言われているんです。でも、一般用医薬品は研究開発期間が3〜5年程度と比較的短めです。しかも、複数の医薬品開発にチームで同時に関わることができるんです。

粉末の薬品を錠剤にしやすい粒状にする「造粒機」に薬品を入れる(右)。試作のための薬品は正確に量る(下)。「1日中、粉を運んだり量ったりしている日もあります」

橋爪さんのある1日

- 07:50 出社。作業着に着がえる
- 08:00 デスクでメールチェック
- 08:30 実験準備
- 09:00 錠剤の試作、特性評価などの実験
- 12:00 ランチ
- 13:00 チームミーティング
- 14:30 実験
- 16:00 実験ノートの整理、メールチェック
- 17:00 着がえ、退社

用語 ※ 特性評価 ⇒ 試作した錠剤の溶ける時間や有効成分などが、基準に合っているかを調べる試験。

チームのメンバーと談笑する橋爪さん。「研究がうまくいかないときも、みんなのおかげで気持ちを切りかえられます」

Q 仕事をする上で、大事にしていることは何ですか？

チームワークと、感謝の気持ちを忘れないことです。

わたしの会社では、つねにチームで研究をしています。おたがいを尊重しつつ、協力しあうことが大事です。研究が行きづまったときに先輩がアドバイスをくれたり、ちょっとしたことで後輩がサポートしてくれたり。毎日顔を合わせるチームのメンバーはもちろん、社内のほかの部署の人や生産工場の人など、さまざまな人に支えられて研究ができていることを忘れないようにしています。

あとは、お客さま目線でものを考えることですね。研究者がいくらよいと思っても、一般用医薬品を選ぶのはお客さまです。だからよく家族や友人に、どんな薬が飲みやすいかなど、遠慮のない意見を聞かせてもらっています。

Q なぜこの仕事をめざしたのですか？

高校時代は化学が得意で、薬剤師の資格がほしかったので、大学は薬学部に進みました。大学5年生のときの薬剤師実習が今の仕事をめざすきっかけとなりました。

薬剤師実習では、3か月間ずつ病院と調剤薬局に行き、薬剤師の仕事を経験しました。もちろんやりがいはありましたが、わたしの場合は、薬を患者さんに渡して説明する仕事よりも、薬をつくる仕事がしたくなりました。わたしは中学生のころから、文化祭や体育祭など、みんなで何かをつくりあげることに喜びを感じるタイプでした。なので、薬学部で学んだ知識を活かし、優れた薬をつくって、世の中の人の健康に役立ちたいという思いが強くなったんです。

こうして、製薬会社に入って医薬品の開発研究をしたいという目標が定まりました。

Q 今までにどんな仕事をしましたか？

入社1年目は、先輩のサポートをしながら、機械の使い方や実験の手法を学びました。生産工場でアリナミンEXプラスαの製造工程に立ちあい、自分がたずさわる仕事のスケールと責任の大きさを実感しました。

1年目の終わりごろから、主担当として風邪薬やビタミン剤の研究を行いました。4年目からは健康食品の研究開発にもたずさわるようになり、仕事のはばが広がりました。

研究室とデスクのある部屋とを結ぶ廊下。同じ建物内にさまざまな実験施設がそろう。

・数とり器

錠剤の形をつくる臼と杵

錠剤用ピンセット、スパーテル（へら）

PICKUP ITEM

臼と杵は錠剤をつくる機械に取りつけて使う。試作した錠剤の数は、数とり器を使って効率的に数える。錠剤の形をくずさない形状のピンセット、薬品用のスパーテル（へら）など、医薬品の研究には特別な道具が多い。

Q 仕事をする上で、むずかしいと感じる部分はどこですか？

つねに勉強を続けなければいけないところです。科学の進化は日進月歩なので、最新の技術や情報をどんどん取りいれ、新しいものを生みだしていかなくてはなりません。

医薬品の有効成分はとても繊細で、理論上は大丈夫でも、試作してみるとうまくいかないということも多いです。また、とくに日本では医薬品に対してお客さまの求める水準が高く、飲みやすい錠剤の大きさや形、色、味、割れにくさなど、多くの課題をのりこえなければいけません。考えても答えが出ず、壁にぶつかったように感じることもよくあります。

でも、苦しい状況も、なるべくそれを楽しむ方向に気持ちを切りかえるようにしています。それができるのも、すてきなチームのメンバーがいるからだと思っています。

Q ふだんの生活で気をつけていることはありますか？

世の中で、今どんなものが求められているのかを知るため、つねにアンテナをはっています。たまたま見聞きしたものが、もしかしたらすごい新薬のアイデアにつながるかもしれませんし、そうできたらいいなと思っています。

それから、ドラッグストアでの買い物時間が長くなりました。他社の新製品をチェックしたり、どの医薬品が目立つ場所に置かれているか、ほかの人のカゴに何が入っているかなどを観察したりしてしまいます。2種類のビタミン剤で迷っていた人がタケダの製品を棚にもどすのを見たときなど、「えー、こっちを選んでよ～！」なんて言いたくなっちゃいます。

「だれもが知っている医薬品にたずさわる責任感と使命感を忘れずに、毎日研究にはげんでいます」

Q これからどんな仕事をしていきたいですか？

わたしたちの会社の主力となる医薬品の研究開発に担当者として関わり、たくさんの人に、つくった医薬品を届けたいと思っています。

今、日本では高い医療費が問題になっています。そして、国の政策としても、一般用医薬品などを上手に使い、自分で自分の健康を守っていく「セルフメディケーション」で医療費を削減しようという流れになってきています。これは、一般用医薬品研究者にとっては大きなチャンスです。わたしたちの研究で優れた医薬品ができたら、その医薬品で助けられる人が、これまで以上に多くなるのです。

「アリナミン」シリーズが発売されて60年、「ベンザ」シリーズは40年。このふたつがわたしたちの会社の二本柱といわれています。なので、いつか第3の柱になるような、例えば胃薬や鼻炎の薬などを手がけたいです。そして、「胃の不調には、わたしが研究した医薬品を使ってください！」なんて言えるようになったら最高ですね。

医薬品研究者になるには……

製薬会社に研究職として採用されれば、医薬品研究者になることができます。

医薬品の研究には化学の知識が不可欠なため、多くの製薬会社では、理系の大学卒・大学院卒以上の学歴を研究職の応募条件にしているようです。大学の薬学部に進学し、薬剤師の資格を取得しておくと、研究の仕事にも活かすことができるでしょう。

高校 → 大学（理系） → 大学院 → 製薬会社の研究者として就職

Q 医薬品研究者になるにはどんな力が必要ですか？

ものごとに疑問をもって探究する力が必要だと思います。勉強だけではなく、日常生活のささいなことでも、「これってどうしてだろう？」と疑問をもち、いろいろと試したり考えたりできるような人がこの仕事には向いていると思います。実際、「ちょっとこれも」とやってみたことが問題を解決する糸口になることもあるんです。

あとは、ひとつのことをあきらめずに粘りづよく続けられるタイプの人だといいですね。

試作で得られたデータをパソコンに入力。データをていねいに読みといていくと、問題解決のきっかけがつかめることもある。

橋爪さんの夢ルート

- **小学校 ▶ 花屋**
  はっきりとした夢ではなかったが、きれいな花に囲まれて働きたいと思った

- **中学校 ▶ 裁判所の事務官**
  キャリア教育の時間に読んだ職業の本で見つけて、「かっこいい！」とあこがれた

- **高校 ▶ 薬剤師**
  母親に資格を取ることをすすめられ、化学が好きだったので薬学部に進学

- **大学 ▶ 薬剤師→医薬品研究者**
  病院や薬局で、半年間の薬剤師実習を経験。薬の説明をするよりも、実際につくる方の仕事をしたいと考え、研究職をめざすように

Q 中学生のとき、どんな子どもでしたか？

かなり負けずぎらいで、興味をもったことをつきつめていくタイプの中学生でした。吹奏楽部でフルートを吹いていたのですが、これを選んだ理由も、体験入部のときにフルートだけ上手に音が出せなくてくやしかったからなんです。

吹奏楽部では、熱心な顧問の先生に引っぱられ、ほとんど休みなく活動していました。でもきびしい練習のおかげで、2年生、3年生と2年連続で三重県のコンクールで金賞を取ることができたんです。うれしくて、部活の仲間とだきあって号泣しました。

学校も、行事に力を入れている校風で、合唱コンクールや体育祭の全員リレーではすごく盛りあがりましたね。

わたしが、みんなでいっしょになって、ひとつの目標に向かうということに、大きなやりがいと喜びを感じるのは、この中学時代の経験があったからだと思います。

金賞を取ったときに演奏した曲の譜面には、たくさんの書きこみがある（右上）。思い出のフルート（左上）。右下は文化祭での演奏のようす。

Q 中学のときの職場体験は、どこに行きましたか？

1年生のときに仕事をしている人へのインタビューを行い、2年生のときに1週間、職場体験へ行きました。

インタビューでは、友人の父でもあった小児科の先生に話を聞いてレポートにまとめました。職場体験では、5〜6人ほどで近所の幼稚園に行き、子どもたちと遊んだり、先生のお手伝いをしたりしました。

それまであまり本気で将来の仕事について考えたことがなかったので、どちらの経験も、わたしにとっては仕事について考えるよいきっかけとなるものでした。

Q 職場体験では、どんな印象をもちましたか？

インタビューでは、小児科の先生が本当に楽しそうに仕事をしていて、この仕事が大好きなのが伝わってきました。

職場体験では、幼稚園の男の子に「遊ぼう」と言われて、最初は「かわいいな」なんて思っていたんですよ。ところが、いつの間にかわたしは怪獣役になっていて、ヒーロー役の園児10人くらいに、さんざんやっつけられていました。飛びかかってくる子をよけたら、その子が転んでケガをするかもしれないし、子ども相手におこることもできないし、文字通りからだを張っての怪獣役でした。この日は1日がすごく長く感じて、帰るころにはへとへとでした。

インタビューでは、わたしも将来、やりがいがもてる大好きなことを仕事にしたいと、夢がふくらみました。いっぽう、職場体験では、「仕事ってあまくないな」、「外からはわからない大変さがあるんだな」と、仕事のきびしさを知りましたね。

Q この仕事をめざすなら、今、何をすればいいですか？

この仕事にかぎらず、どんな仕事をめざす場合でも、何事も一生懸命にやることが大事だと思います。

勉強でも部活でも趣味でも、いろいろなことに興味をもって、それに全力で挑戦してください。中途半端にではなく本気で取りくむことで、自分の得意・不得意、好きなこと、生きがいを感じること、本当の興味の方向性などが少しずつ見えてくるはずです。

中学生のころは、可能性は無限に広がっています。自分自身のことを正しく理解することができれば、世の中にあるありとあらゆる職業の中から、「わたしはこれ！」というものを見つけられるんじゃないでしょうか。

小児科の医師にインタビューしたときの記念写真。

最新の技術を取りいれ、新しい薬を生みだします

－ 今できること －

ふだんの暮らし

医薬品の研究者の仕事には、探究心や粘りづよさ、チームワークが必要です。

日常生活の中でちょっとした疑問に出会ったときに、それをそのままにせず、辞書や図鑑、インターネットなどで調べてみる習慣を付けましょう。勉強でわからないところが出てきたときも、答えを見る前にもう少しだけ自分で考えてみましょう。

部活でも、習い事でも、目の前にあることを投げださず、一生懸命に取りくみましょう。機会があれば、行事の実行委員などを引きうけてみるのもおすすめです。

社会 ほかの製薬会社にない薬をつくりだす力が求められます。世の中で何が問題になっているか、どんなことで困っている人がいるかを、よく学んでおきましょう。

数学 緻密さが求められる医薬品の研究では、細かい数字やさまざまな単位をあつかいます。数学への苦手意識はなくしておきましょう。

理科 理科で習う化学式や物質の変化などの知識は、この仕事の基礎となります。とくに力を入れて勉強しましょう。

英語 英語で書かれた研究論文を読む機会もあります。基本的な英文読解力を身につけておきましょう。教科書に出てくる英文を読み、理解できるようになりましょう。

File No.66

再生医療研究者
Regenerative Medicine Researcher

横浜市立大学先端医科学研究センター
シンシナティ大学小児病院
東京医科歯科大学統合研究機構
武部貴則さん
8年目 31歳

人の手で臓器を
つくることができれば
もっとたくさんの命を
救うことができる

これまで治療法のなかった病気でも、治せるようになるかもしれない。そんな可能性を秘めた新しい医療が再生医療です。iPS細胞※から、世界で初めて人工肝臓の培養に成功し、注目を浴びている武部貴則さんにお話をうかがいました。

用語 ※iPS細胞 ⇒ 人工的につくられた細胞。無限に増やせて、さまざまな臓器の細胞になることができる。

Q 再生医療研究者とはどんな仕事ですか？

　小さなけがをしたとき、しばらくすれば傷口にかさぶたができ、自然に治っていきますよね。これは人間のからだに備わっている自己修復力によるものです。再生医療は、目に見えない小さな細胞の世界で、この自己修復力を引きだすための方法を研究し、医療に役立てていくというものです。

　ぼくは、横浜市立大学の大学院医学研究科の臓器再生医学研究室と、アメリカのシンシナティ大学小児病院に所属し、月のおよそ半分はアメリカで暮らしながら、この再生医療の研究に取りくんでいます。製薬会社といっしょに研究をしたり、大学院生に講義をしたり、講演会に招かれて話をしに行ったりすることも多いです。

　2012年に、京都大学の山中伸弥教授がヒトiPS細胞の研究でノーベル賞を受賞しましたね。翌2013年、ぼくはそのiPS細胞から、「ミニ肝臓」を培養することに世界で初めて成功しました。これを人に移植すると、やがてまわりの血管と結びつき、ふつうの肝臓と同じはたらきをするものに成長するのではないかと期待されています。しかも、この培養方法は、すい臓や腎臓など、ほかの臓器にも応用できる可能性があるのです。

Q どんなところがやりがいなのですか？

　ぼくの研究がうまくいけば、これまでの医学の限界をこえ、たくさんの人の命を救うことができるというところです。

　臓器がうまく動かなくなって、助かる見こみのない患者はたくさんいます。今まで、そんな人たちにとって、臓器移植手術※が最後の切り札でした。しかし、臓器移植手術では、手術を行うための臓器が決定的に不足しています。その上、だれかが亡くならなければ手術を行うことはできません。臓器移植手術をすれば助かるかもしれないのに、それを待っている間に亡くなってしまう患者がたくさんいるというのが、今の医学の現状なのです。

　でも、今ぼくが研究している再生医療が実用化されれば、状況は大きく変わるでしょう。人の手で肝臓をつくりだすことができれば、もっとたくさんの人の命を、確実に助けることができるようになるのです。

細胞の培養状況について、少しの変化も逃さぬよう、くわしく報告を受ける武部さん。「初めて人工肝臓のモコモコとした組織ができたとき、最初は『カビじゃないの？』なんて言う人もいたんですよ」

培養したミニ肝臓がまわりの血管とつながっていることを確認する武部さん。

ミニ肝臓に関する論文が掲載されたイギリスの科学雑誌『nature』。

武部さんのある1日

- 07:30　仕事開始。神奈川県にある製薬会社の研究所でチームを指揮する
- 12:00　移動中にランチとメールチェック
- 15:30　都内で講演会
- 17:30　横浜市立大学の研究室にもどる。研究チームの指揮、自分の研究
- 21:00　アメリカの研究チームと電話会議
- 23:00　研究を終えて帰宅

用語　※臓器移植手術 ⇒ 心臓や肺、肝臓などの臓器を、人から人へ移植する手術のこと。

Q 仕事をする上で、大事にしていることは何ですか？

やるからには全力投球ということと、つねにおもしろいことをやっていたいという好奇心ですかね。

それから、ぼくの場合、考えをめぐらせるのが仕事のようなところがありますので、あえてカフェなどにぎやかなところで仕事をすることがあります。まわりの雑音から、仕事のアイデアが浮かぶこともあるんですよ。

Q なぜこの仕事をめざしたのですか？

小学3年生のころ、父が病気でたおれたことが、医師に興味をもつきっかけでした。そして、病気で苦しむたくさんの人の命を救いたいと思って医学部に入学したのです。

ところが、いざ医学部に入ってみると、現代の医学では、まだまだ治すことができない病気の方が多かったんです。万能だと思っていた臓器移植手術ですら、けっしてそうではなかった。「だったら、移植する臓器そのものをつくれたらどうだろう？」と思いたち、医学部で再生医療の研究に没頭しました。そんなぼくの姿を見て、教授や副学長が、大学に残って研究者になる道を用意してくれました。

でも、うまくやっていけるかどうかはわからないのに、研究者の道を歩んでよいのかと、かなり悩みましたね。

じつは日本では、研究者への道と、患者を診る臨床医への道ははっきり分かれています。臨床医になるには、医師免許を取ったあと、最低2年間研修医として過ごさなければいけない制度になっています。研究を進めるなら、2年間はまわり道になってしまいます。

悩んだ結果、「直接治療はできなくても、間接的に、もっと多くの人を救えるかもしれない」と考え、研究者の道を選ぶことに決めました。

Q 今までにどんな仕事をしましたか？

再生医療は、これまでの医療の限界をこえ、救えなかった患者を救える可能性を広げるものです。それに加えて、もうひとつ、ぼくが力を入れて取りくんでいるのが、「広告医学」の研究です。これは、病気になってから治すのではなく、そもそも病気になる人を少なくしようという試みです。

みなさんも、広告を見て商品を買いたくなったり、どこかに出かけたくなったりしたことがあると思います。この手法を使って、人々の運動や食生活などの生活習慣を変化させることで、病気になる人を減らすことはできないだろうかと考えたのです。2016年度から、広告代理店とも協力しながら、駅の階段や病院の待合室などにアートを設置し、実験を始めています。

今いる患者を助けるための「再生医療」と、将来的に患者を減らすための「広告医学」。この二本柱で、医学で救える命を少しでも増やしたいんです。

Q 仕事をする上で、むずかしいと感じる部分はどこですか？

つねに、いろいろな研究チームを並行して指揮しているので、肝心な自分の研究の時間が、このごろあまり取れないことですね。日本の研究チームが一段落したと思ったら、今度はアメリカの研究チームとビデオチャットで打ち合わせをする時間になってしまったり……。

今は土日に研究をこなしている状況で、プライベートな時間がほぼなくなってしまっています。うまく工夫して、もう少し時間にゆとりをもてるようにしたいです。

広告医学の一例「こころまちプロジェクト」。病院の待合室に脳トレや視力回復トレーニングなどの写真を貼りつけたイス「こころまちぇあ」を設置。待ち時間を快適に過ごすための実証実験だ。

横浜市立大学の研究棟に広告医学の実証実験として設置されていた『Another Steps（健康階段）』。世界各地の天候や時刻を表示し、研究室にこもりがちな研究者に向け、外の世界への関心を引きだし、運動不足を解消してもらう試み。

Q ふだんの生活で気をつけていることはありますか？

いそがしい毎日ですが、ちゃんと家に帰り、あまり夜ふかしをせず、たっぷりと睡眠時間を確保することを心がけています。飛行機や新幹線で移動をすることが多いのですが、その間に仮眠を取ることも多いです。ぼくは、しっかりと睡眠を取らないと全然頭が回らなくなってしまうタイプなんですよ。だから、なかなか実行できていませんが、最低6時間は寝たいと思っています。

それから、じつはぼく、前に一度、財布を忘れてアメリカに行ってしまったこともあるくらい、忘れ物が多いんです。だから、パスポート、ノートパソコン、スマートフォンの3つだけは、いつも目につくところに置き、つねに持ちあるいています。これさえあればどこにいてもなんとかなりますし、仕事も進められるので。

日本とアメリカの二重生活になっているのですが、講演などが少ないぶん、アメリカにいるときの方が、比較的のんびりできているかもしれませんね。

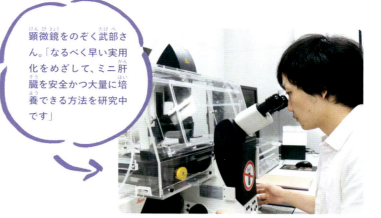

顕微鏡をのぞく武部さん。「なるべく早い実用化をめざして、ミニ肝臓を安全かつ大量に培養できる方法を研究中です」

Q これからどんな仕事をしていきたいですか？

近い目標としては、人工肝臓を実用化にこぎつけることですね。今は動物実験の段階ですが、近いうちに人間に移植する実験も行われる予定です。

これに満足することなく、成果をどんどん実際の治療現場に活かしていけるような研究を続けていきたいです。いつかは世界中から、病気で苦しむ人をなくしたいんです。

• ノートパソコン •

• パスポートとスマートフォン •

PICKUP ITEM

日本とアメリカを行き来し、国内も講演で飛びまわる武部さんが、いつも持ちあるいている3点セット。「パソコンの時刻表示はオハイオ州に合わせています。現地時間から日本時間は、パッと計算できるんですけど、逆はなぜかむずかしいんですよ。スマホには両方の時間がわかるアプリを入れています」

再生医療研究者になるには……

医師には、患者を診療する臨床医と、治療ではなく医学の進歩のための研究を仕事とする研究医がいます。再生医療研究者も、この研究医にあたります。研究所や大学の医学研究室などに研究者として就職することが必要で、多くの場合、大学院を修了後にこの仕事に就きます。再生医療を研究している大学や研究所は多くないので、この道をめざすならよく調べておきましょう。

高校 → 大学（医学部） → 大学院 → 再生医療研究者

Q 再生医療研究者になるにはどんな力が必要ですか？

好奇心とチャレンジ精神。あとは国際的に活躍したいなら、英語力ですね。英語は、苦手でも、話さざるを得ない環境に自分をおけば自然と身につくと思います。

よく「まだ準備期間」なんて言う人がいますが、それだと準備期間なんていつまでも終わりません。本当にやりたいことがあるのなら、行動あるのみです。

「テストの英語は得意だったはずなのに、初めてアメリカに行ったときは、レストランの注文さえ聞きとってもらえず、相当落ちこみました」

武部さんの夢ルート

● 小学校 ▶ 医師
父親が病気でたおれたことがきっかけで、人の命とその家族の生活を救う医師をめざすように
▼
● 中学校・高校 ▶ 音楽関係か医師
高校3年生の秋まで、音楽関係か医師かで真剣に悩んでいた。コンクールで完全燃焼したあと、医学部進学へ気持ちを切りかえた
▼
● 大学 ▶ 医師 → 再生医療研究者
医学部で、現在の医学にはできないことも多いということを知り、再生医学の研究に没頭。卒業の前年に副学長が大学にかけあい、研究者への道をつくってくれた

Q 中学生のとき、どんな子どもでしたか？

数学や英語は得意でしたが、国語や社会が大の苦手で、テストだけは一夜漬けで切りぬけていました。おとなになってから、地理や歴史が苦手なことでよくからかわれています。もう少し興味をもって勉強しておけば広告医学の研究に活かせたかも、なんて今になって少し思っています。

あとは、中高一貫校だったのですが、6年間、吹奏楽部に所属して、アルトサックス一色の毎日でした。

吹奏楽部での演奏のようす。2列目の右はしが武部さん。

Q 中学のときの部活では、どんなことを学びましたか？

ぼくをふくめて5人、すごく熱心なメンバーがいたんです。朝練をして、昼休みにも練習をして、夕方は部活、下校後も5人でカラオケボックスに寄り道して練習するという日々でした。横浜市でサックスの四重奏の第1位を取ったこともあります。高校2年生からは副部長もつとめました。

医師になるという目標の一方で、高校2年生くらいまでは音楽大学受験も視野に入れていました。当時の5人の中には、今、音楽を職業にしている友人もいます。

ふつうは高校2年生のコンクールで引退するのですが、おしいところで関東大会出場を逃し、ぼくら5人だけは翌年のコンクールまで部活を続けたんです。結局そのときも1、2点の差で関東大会に行けなかったのですが、これはぼくにとって最大の挫折ですね。そして、これだけ全力投球をしたことで、逆にすっぱりと気持ちを切りかえて医学部をめざすことができました。

ぼくが6年間の部活から学んだものはものすごく多いです。副部長として200人以上のメンバーを引っぱった経験は、今でも、研究チームのあり方やプロジェクトの方向性を考えるときの土台になっています。また、コンクール敗退のくやしさは、妥協せずに研究を進める熱意や、心の強さにつながりました。部活がなければ、今のぼくはありませんね。

中学時代の武部さん。「アルトサックスに本気で取りくんだ日々があったからこそ、今のぼくがあるんです」

Q 中学のときの職場体験は、どのようなものでしたか？

ぼくの学校では、職場体験はありませんでした。代わりに、医師、弁護士、マスコミ関係など、さまざまな仕事をしている卒業生を学校に招いて、仕事について講演をしてもらい、質問ができる「フロンティアセミナー」というものがありました。そこで、宇宙飛行士や放送局のディレクターなどの講演会も行われていました。

この人たちが努力して自分の道を見つけ、夢をかなえたように、ぼくも目の前にあることをしっかりやろうと、決意を新たにしました。

じつは昨年、ぼくも母校に招待されて、「フロンティアセミナー」で自分の仕事について話をしてきたんです。目をかがやかせて、熱心にぼくの話を聞いてくれる後輩たちの姿を見て、ぼく自身も元気と刺激をもらいましたね。なかには、最新の医療研究現場が今まさにテーマにしているようなアイデアを、ぼくに伝えてくれた中学生の子もいたんですよ。

Q この仕事をめざすなら、今、何をすればいいですか？

部活でも勉強でも趣味でも、自分が本気で「これをやりたい！」と思えることに出会えたら、それに本気で取りくんでみてほしいですね。絶対に得られるものがあるはずです。

もしやってみたいことが研究だったら、それをやっている大学の研究室を訪ねてみるのもよいと思います。実際、シンシナティ小児病院には、よく高校生が訪ねてきます。

中学生が本気で「この研究をやりたいんです」「アイデアがあるんです」と言ってやってきたら、少なくともぼくは大歓迎です！　たいていの研究者はうれしいはずですし、やりたい人をこばむということはまずないと思いますよ。とにかく、どんどんチャレンジしてみてください。

これまでの医療の常識や限界をこえて患者を救う

− 今できること −

ふだんの暮らし

研究者の仕事には、はっきりとした答えがありません。そんななか、結果が出るかどうかもわからない研究を進めていくわけですから、困難に負けずに最後までやりとげる粘りづよさが必要です。

部活でも勉強でも、うまくいかないことがあっても投げださず、最後までやりとげることを心がけましょう。また、好奇心やアイデア、発想力も大切な仕事です。

テレビの科学番組などを観て、最新の科学の情報にふれておきましょう。

 社会　人が病気になる要因には、風土や食事によるものもあります。地理や歴史の基礎知識もおさえておきましょう。

 数学　研究に計算や数値はつきものです。苦手意識をなくしましょう。数学の証明問題などのように、論理を少しずつ積みあげていくものの考え方に慣れておきましょう。

 理科　理科の授業で学習する内容は、物理、化学、生物、地学といった、科学のさまざまな分野の土台となるものです。しっかり勉強して得意教科にしておきましょう。

 英語　科学研究の世界では、共通語は英語です。学会に参加したり論文を読んだりするためにも、英語の読解能力や会話力は不可欠です。しっかり勉強しましょう。

仕事のつながりがわかる

メディカルの仕事 関連マップ

急病の患者を運ぶ場合

ここまで紹介したメディカルの仕事が、
それぞれどう関連しているのか、
急病の患者を運ぶ場合の例を見てみましょう。

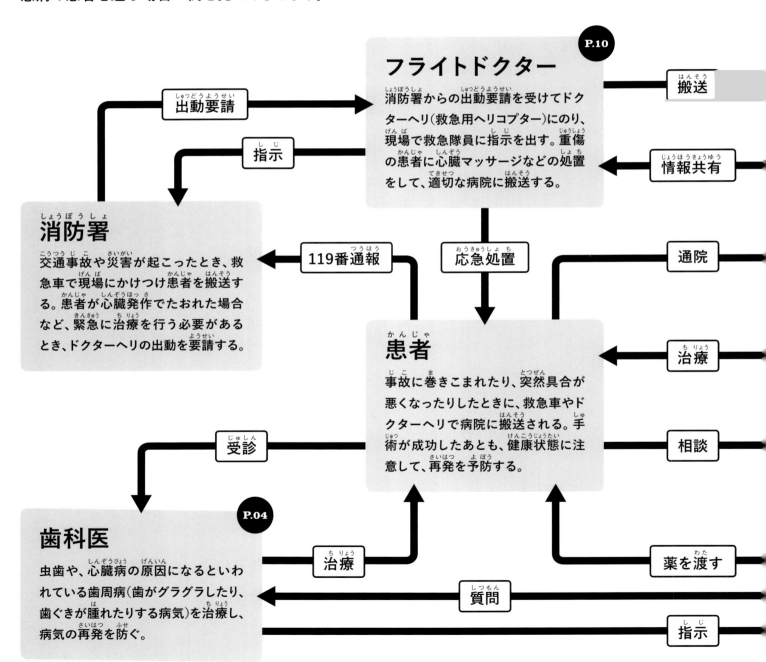

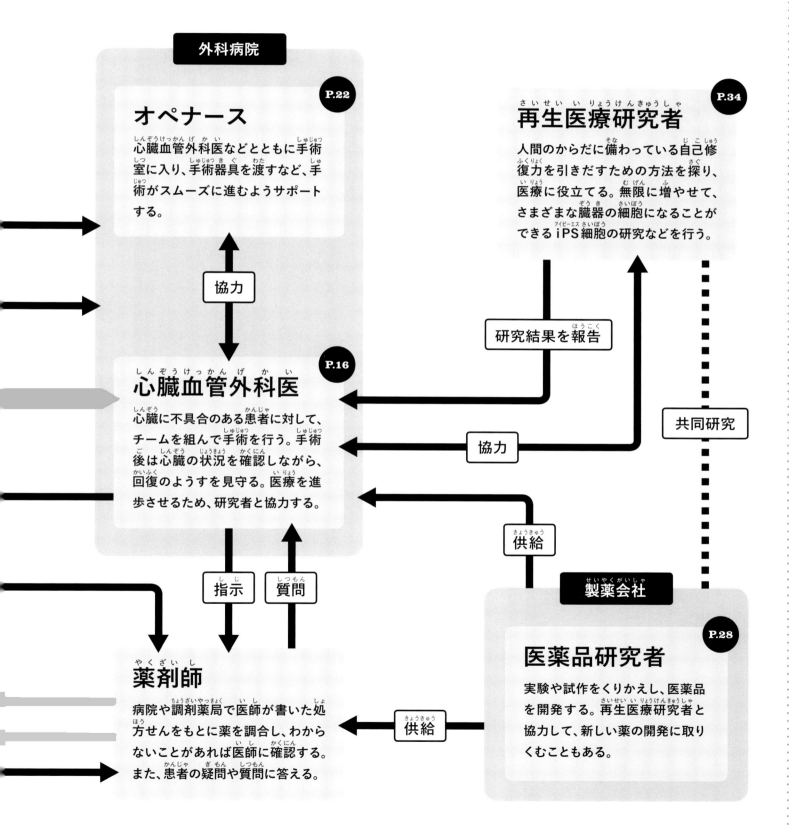

※このページの内容は一例です。会社や組織によって、仕事の分担や、役職名は大きく異なります。

これからのキャリア教育に必要な視点 12
医学とは生命について考えること

▶「命を救いたい」という思いを大切に

この巻では、人々の病気を治療し、生命をつなげる最前線で活躍している人たちが登場します。再生医療研究者は臓器移植を待つ多くの患者たちを救おうと、日夜努力をしています。心臓血管外科医は小さなミスが命とりになるという緊張感をもって、日々の手術に臨んでいます。

医療現場の仕事はけっして楽ではありません。目の前にいる患者に対して、つねに重い責任を負っているのです。

医師になるには大学の医学部で6年間学び、さらに研修医を3〜5年ほどつとめる必要があり、一人前になるまでに長い時間がかかります。医療技術の発達により、新しい治療法や新薬が開発されているので、医師になってからも学びつづけなくてはなりません。それでも彼らが前へ進むのは「尊い命を救いたい」という強い思いがあるからです。

医療系の仕事をめざす生徒たちには、なぜその仕事をめざそうと思ったのか、その思いを大切にしてほしいと思います。

▶ 生命倫理は永遠のテーマ

最近、生命に関連して、気になるニュースがありました。体細胞を使ったクローン技術によって、まったく同じ遺伝子をもつサルをつくりだすことに成功したと、中国の研究グループが発表したのです。霊長類では初めてだそうです。サルのクローンがつくれたのなら、人間も可能なのでは……と思うかもしれませんが、日本をはじめ、多くの国々では人間のクローンをつくることが禁止されています。理由のひとつは、人間のクローンを「人」ではなく「物」としてあつかうことが、倫理的に問題があると考えられているからです。ほかにも問題点をあげれば、きりがありません。

近い将来、科学技術の発展により、医療用ロボット、人工臓器などが今よりももっと導入されることでしょう。そんな時代に医療系の仕事に就く人たちに求められるのは倫理観です。長生きをするためには何をしてもいいのでしょうか。人間にとって幸せとは何でしょうか。生命に関する倫理的

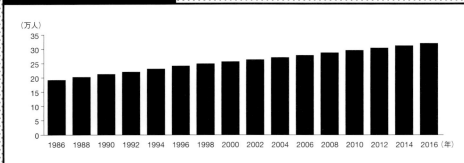

全国の医師数の年次推移

全国に届けだされている医師の数は31万9480人（2016年12月31日現在）。医師の数は年々増加しているものの、高齢化にともない、医師不足が指摘されている。

参考:『平成28年(2016)医師・歯科医師・薬剤師調査の概要』厚生労働省

中国科学院の研究チームが誕生させることに成功した2匹のカニクイザルのクローン。「サルを使って人の薬の効果を確かめる実験に役立つ」と同チームは主張している。

写真提供：中国科学院

な問題、つまり、生命倫理は、医療にたずさわる人にとって生涯考えつづけなければいけないテーマでしょう。

▶ 医師に求められるのは説明責任

また、時代とともに医師に求められるものが変わってきています。わたしは昨年、右手首を骨折し、手術を受けたのですが、手術前に「手首に金具を入れますが、もとどおりになるとは保証できません」、「手術後にしびれを感じる可能性があります」などの説明を医師から受けました。以前は、ここまでていねいに説明されることはなかったと記憶しています。治療の方針については、医師の判断に任せるのが当たり前だったからです。

ところが、治療の選択肢が増えたことや、治療に満足できないときに医師に対して訴訟を起こすケースが増えたことなどから、医師の説明責任が重視されはじめました。患者は説明に納得した上で治療を受けるようになったのです。

ですから、これから医師になろうとする人に求められるのは、技術や知識に加え、コミュニケーション力です。患者の思いをくみとることと、自分の考えを人にわかりやすく説明することの両方が必要です。説明の言葉には、人間性がにじみでるものです。患者が「この医師に任せてみよう」と思えるような医師になるためには、多くの人と関わる経験をして、他人の痛みがわかる人になる必要があるでしょう。

キャリア教育の観点では、生徒たちが活発に意見交換をする機会をつくり、自分の意見をきちんと言えて、同時に、友だちの意見を聞く姿勢を身につけることが求められます。

中学校では2019年度より「特別の教科 道徳」が全面実施となったため「考え、議論する道徳」への転換が進められています。ふだんの学校生活の中では、生命倫理について考える機会はめったにありません。ですが、さまざまな人と関わる中学生の今だからこそ、考える意味があります。医療系の仕事をめざす人も、そうでない人も、簡単に答の出ないテーマの議論に、ぜひ挑戦してみてほしいと思います。

PROFILE
玉置 崇（たまおき たかし）

岐阜聖徳学園大学教育学部教授。
愛知県小牧市の小学校を皮切りに、愛知教育大学附属名古屋中学校や小牧市立小牧中学校管理職、愛知県教育委員会海部教育事務所所長、小牧中学校校長などを経て、2015年4月から現職。数学の授業名人として知られる一方、ICT活用の分野でも手腕を発揮し、小牧市の情報環境を整備するとともに、教育システムの開発にも関わる。文部科学省「校務におけるICT活用促進事業」事業検討委員会座長をつとめる。

構成＝林孝美

さくいん

あ
iPS細胞 ……………………………………… 34、35、41
医学部 ……… 13、14、16、18、19、20、21、36、37、38、42
医師国家試験 ……………………………………… 13、19
医師免許 ………………………………………… 19、36
一般用医薬品 ………………………………… 28、29、30、31
医薬品研究者 ………………………… 28、29、31、32、33、41
医療用医薬品 …………………………………………… 29
オペナース ……………… 17、22、23、24、25、26、27、41

か
介助医 ………………………………………………… 23
カルテ …………………………………………… 5、11、12
看護師 ……… 11、12、14、15、20、21、22、23、24、25、26
カンファレンス ………………………………… 11、12、17、19
器械出し …………………………………………… 23、24、25
救命救急医 …………………………………… 10、11、13、18、20
救命救急センター ………………………………………… 10、11
救命用具 ………………………………………………… 13
研究医 ………………………………………………… 37
研修医 ………………………… 6、7、13、14、19、36、42
広告医学 ……………………………………………… 36、38
国境なき医師団 ………………………………………… 12、14

さ
再生医療研究者 ………………………… 34、35、37、38、41、42
歯科医 ……………………………………… 4、5、6、7、8、9、40
歯科医師国家試験 ……………………………………………… 7
歯科衛生士 …………………………………………………… 5、8
歯学部 …………………………………………………… 6、7
歯科助手 ………………………………………………………… 8
自己修復力 …………………………………………… 35、41
試作 ……………………………………… 29、30、31、32、41
執刀医 ……………………………………………………… 23

た
手術看護認定看護師 …………………………………………… 25
手術室 …………………………………………… 23、24、25、41
職場体験 ……………… 9、14、20、21、26、27、32、33、39
人工肝臓 ………………………………………… 34、35、37
心臓血管外科医 ……………… 16、17、18、19、20、21、41、42
新薬 …………………………………………………… 31、42
製薬会社 ……………………………………… 30、31、33、35、41
セルフメディケーション ………………………………………… 31
臓器移植（臓器移植手術）……………………………… 35、36、42
ソーシャルワーカー …………………………………………… 12
外回り …………………………………………………… 23、24

た
調剤薬局 ………………………………………………… 30、41
当直勤務（当直）………………………………………… 17、19、21
特性評価 ………………………………………………………… 29
ドクターヘリ ……………………………… 10、11、12、13、14、40

な
ノーベル賞 ……………………………………………………… 35

は
ピンセット（鑷子）……………………………………… 6、18、30
フライトドクター ………………………… 10、11、12、13、14、15、40
プリセプター …………………………………………………… 24
縫合 ……………………………………………………………… 19

ま
麻酔科医 ………………………………………………………… 23
ミニ肝臓 ………………………………………………… 35、37

や
薬剤師 ………………………………………… 30、31、32、41

ら
臨床医 …………………………………………………… 36、37
臨床工学技士 ………………………………………… 17、23
レントゲン ……………………………………………………… 5、7

【取材協力】

医療法人社団　歯科タナカ　https://www.shika-tanaka.com/
株式会社デンタルサービス　https://www.dentalservice.jp/
日本医科大学千葉北総病院　https://www.nms.ac.jp/hokuso-h/
大阪市立大学医学部　心臓血管外科　http://www.med.osaka-cu.ac.jp/
昭和大学横浜市北部病院　https://www.showa-u.ac.jp/SUHY/index.html/
武田薬品工業株式会社　https://www.takeda.com/jp/
公立大学法人横浜市立大学　https://www.yokohama-cu.ac.jp/

【写真協力】

渋谷宮益坂歯科　p6、7
大阪市立大学医学部　心臓血管外科　p17
昭和大学横浜市北部病院　p23
公立大学法人横浜市立大学　p36

【解説】

玉置崇（岐阜聖徳学園大学教育学部教授）　p42-43

【装丁・本文デザイン】

アートディレクション／尾原史和・大鹿純平
デザイン／水野 咲・石田弓恵

【撮影】

平井伸造　p4-15、p22-27、p34-39
祐實とも明　p16-21、p28-33

【執筆】

小川こころ　p4-15、p22-27
林孝美　p42-43

【企画・編集】

西塔香絵・渡部のり子（小峰書店）
常松心平・中根会美（オフィス303）

キャリア教育に活きる！

仕事ファイル12
メディカルの仕事

2018年 4月 7日　第1刷発行
2021年12月10日　第3刷発行

編　著　　小峰書店編集部
発行者　　小峰広一郎
発行所　　株式会社小峰書店
　　　　　〒162-0066 東京都新宿区市谷台町4-15
　　　　　TEL 03-3357-3521　FAX 03-3357-1027
　　　　　https://www.komineshoten.co.jp/
印　刷　　株式会社精興社
製　本　　株式会社松岳社

©Komineshoten
2018 Printed in Japan
NDC 366　44p　29×23cm
ISBN978-4-338-31805-1

乱丁・落丁本はお取り替えいたします。
本書の無断での複写（コピー）、上演、放送等の二次利用、翻案等は、著作権法上の例外を除き禁じられています。本書の電子データ化などの無断複製は著作権法上の例外を除き禁じられています。代行業者等の第三者による本書の電子的複製も認められておりません。

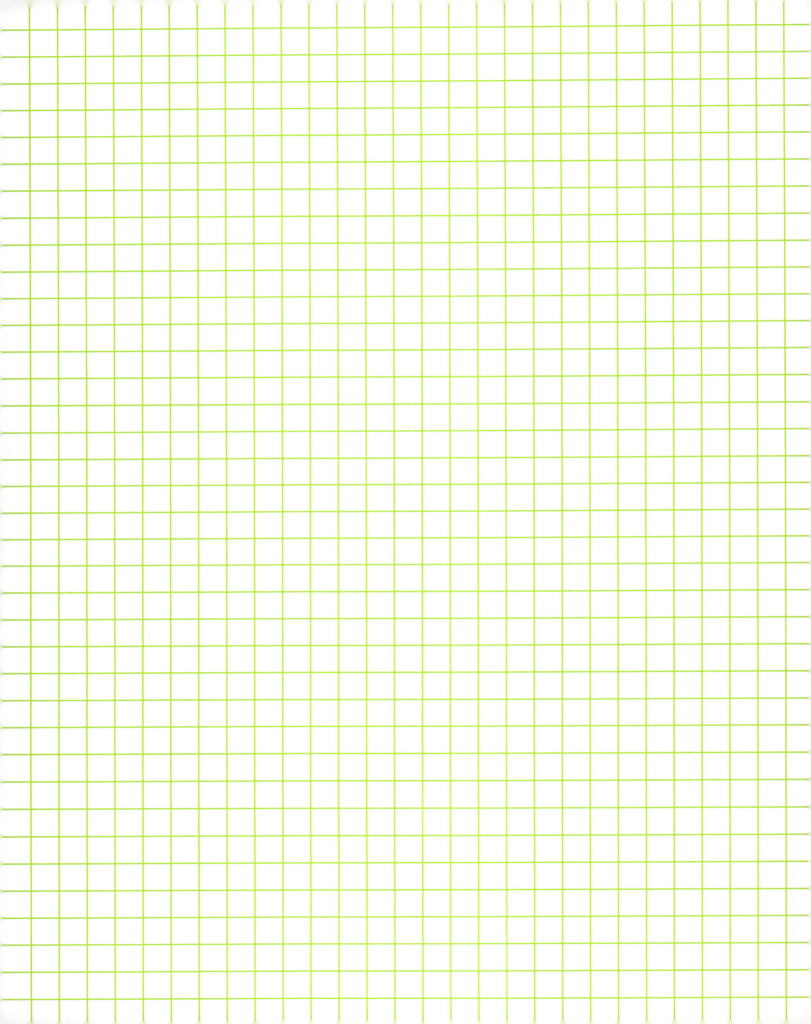